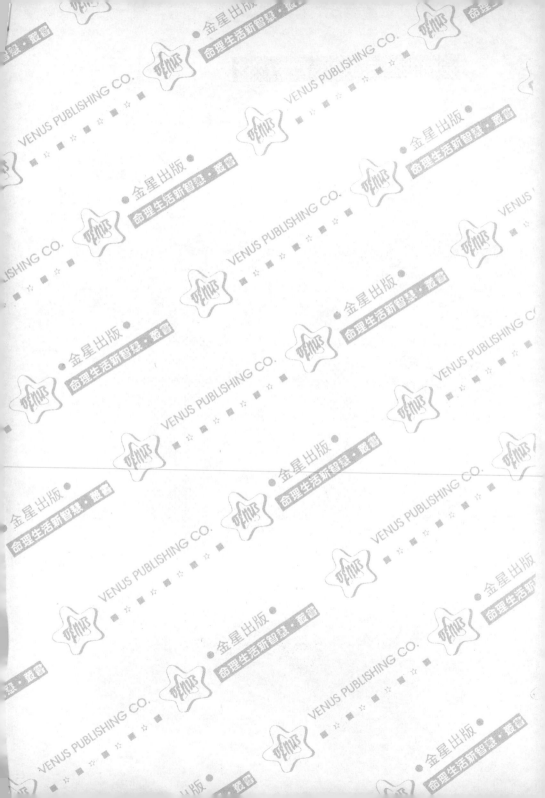

命理生活新智慧・叢書 17-2

好運隨你飆

《三版修定版》

◎法雲居士 著

金星出版社 http://www.venusco555.com
E-mail: venusco@pchome.com.tw
法 雲 居 士 http://www.fayin.tw
E-mail: fatevenus@yahoo.com.tw

金星出版

國家圖書館出版品預行編目資料

好運隨你飆《三版修定版》／法雲居士著，--第3版.--臺北市：金星出版：紅螞蟻總經銷，2007[民96]
面；　　公分--（命理生活新智慧叢書；17-2）

ISBN: 978- 957-8270-76-3（平裝）

1. 命書

好運隨你飆《三版修定版》

作　　者：法雲居士
發 行 人：袁光明
社　　長：袁靜石
編　　輯：王璟琪
總 經 理：袁玉成
出 版 者：金星出版社
社　地址：台北市南京東路3段201號3樓
電　電話：886-2--25630620●886-2-2362-6655
傳　FAX：886-2365-2425
郵政劃撥
總 經 銷：紅螞蟻圖書有限公司
地　　址：台北市內湖區舊宗路二段121巷28・32號4樓
電　　話：(02)27953656(代表號)
網　　址：http://www.venusco555.com
E-mail　：venusco@pchome.com.tw
venus@venusco.com.tw
法雲居士網址：http://www.fayin.tw
E-mail　：fatevenus@yahoo.com.tw

版　　次：1998年5月第1版　2007年9月第3版
登 記 證：行政院新聞局局版北市業字第653號
法律顧問：郭啟疆律師
定　　價：320 元

行政院新聞局局版北字業字第 653 號

ISBN-13: 978-957-8270-76-3（平裝）

（因掛號郵資漲價，凡郵購五冊以上，九折優惠。本社負擔掛號寄書郵資。
單冊及二、三、四冊郵購，恕無折扣，敬請諒察！）

再序

『好運隨你飆』是一本分析人生中好運結構，使人們瞭解好運之形成，及如何生成的？如何變化的一本書。同時也是在每個人之人生經歷中會因為命格中所出現之特殊格局，而影響或增進對其人的一生順遂、否泰的好運多寡來做出的一系列探討。

『好運隨你飆』自出版以來，得到讀者的回響。也受到讀者極大的興趣，而加以探討，我常收到讀者的信，專對某一個運程或格局來訊問更深一層的意義。因此我知道這本『好運隨你飆』是受到讀者大眾喜愛的一本書。

現今經濟不景氣，百業蕭條，失業人口百分率向上攀升，近來許多人算命，都是在問何時可找到工作的？我想在這個時段，又逢『好運隨你飆』再次增印之時，再多加一些內容，讓讀者可更深一層的認識自己先天性的優點，學會運用自己先天命格上的長處，也學會運用人生轉捩

好運隨你飆

《全新增訂版》

・再序

點上的原動力，來對應這個不景氣艱難的時運。

從十二個命盤格式中，我們可發現，在巳、亥年時，至少有三分之二的人們會經歷壞運，及不強的運氣。因此現今這個蛇年（巳年）的不景氣，應該是早就可預見的。

大時代環境的變遷，人往往是身不由己的。景氣好、景氣差，一般百姓、民眾都是無能為力的。這時我們只有靠自己先天命格中強勢的部份在支撐。善於洞察先機的人，便首先得到好運而發達了。無法洞見好運的人，便被變遷動盪、貧弱的環境所震垮了。俗語說：乞丐都有三年好運。大家萬萬不可被一時的景氣低彌而迷糊了眼睛。每個人從自身開始反省，做自我評估，找到自己命格中的優質點，再善加增強及運用。好運隨你飆就是在你一念之間而能飆漲。祝福所有讀者都是最先能洞察先機的人。

法雲居士　謹記

原序

最近有一位朋友向我請教『比運氣』的事情，讓我覺得非常有趣。

這位朋友在公家機關做事，同事中有一位惡霸型的人物，上會拍馬逢迎，下會欺壓同僚。常把自己的工作指派同僚去做。因為這位仁兄的關係背景良好，大家都不敢得罪他。他又常常要同僚帶好吃好喝的孝敬他，大家真是敢怒而不敢言。

這位朋友平常也是忍氣吞聲的，但工作壓力非常大，還要再多負擔一份別人的工作，實在氣憤難消。有一天，他實在忍不住了，於是越級上告。引來了火爆的場面。那位仁兄在大庭廣眾前面怒罵這位朋友，並揚言要對付他；而且說自己的命格好，又擁有超級的運勢，大家是應該服從他幫他工作的。

那位仁兄的氣焰很旺，同事都採取觀望的態度，竟然都不敢和這位朋友說話了。朋友的心情很鬱卒，更擔心接下來的職場迫害，有時候想放棄和對方的對抗或乾脆向他道歉。但是又不甘心，認為錯的是對方而不是自己。再加上工作本身也是自己的興趣，也不願放棄；左思右想沒有辦法，於是來向我請問：『如何才能和對方比運氣、比贏的方法？』

這個事件讓我覺得有趣的是：天底下居然有公然拿『運氣』和別人比較的事情，這還是頭一遭聽到。事實上，我們天天在和別人比運氣，例如我們能活得比別人久一點，事業順利一點，父母子女和樂、生活舒適一些、做人處事圓融一些，這些種種的問題，雖然都是一些人生歷練，但也都是比別人運氣好一點而已，豈能不算是在和別人比運氣嗎？

從上述的事中，我們可以知道，那位仁兄可能懂一些命理的事情，而且會掌握一些要訣。但是用『運氣』來壓人，也並不是長久之計。我們都知道，每個人都有自己的旺運時間。運氣有起伏上下的特性，沒有人是天天在過年的，也沒有人是運蹇一生的，端看你如何把握而已。俗諺有云：『乞丐都有三年好運。』因此運氣在人身上流動、展現，也不以為奇了。

既然每個人都有強勢的運氣和弱勢的運氣，行運的方式又不一樣，因此我覺得要拿運氣來較量，並用在職場爭鬥上是一件很無聊而且不智的事情。

談到每個人都有旺運時間和好運時期，也都各自擁有自己的『貴人運』、『金錢運』、『朋友運』、『事業運』、『健康運』、『享福運』。至於『兄弟運』和『父母運』、『子女運』這是屬於六親的運氣，這和血緣、傳承是一脈相連的關係，在某些部份是不易改善增加的。但是要擁有良好的『六親運』，也不是不可能，端看我們本身如何努力了。因此我認為所有的運氣都是可以經由我們的努力，一心向『好』的方面去發展，是可以善加營造的。就看你肯不肯去做？去努力罷了！

『運氣』是一種奇妙的東西，看不到也摸不到，但是你可以感覺得到。『運氣』也像我們身體上新陳代謝的血液一般，每三個月輪換一次。

好運隨你飆

《全新增訂版》

・原序

因此當你感覺運氣不好時，可能已在運氣的谷底，此時正是一個否極泰來的起點，若能堅持信念，再掌握我在這本書中所談到的『掌運重點』，好運隨你飆！是一點也不難的事了。敬祝各位能掌握自己命運的旺運高潮點，更能持盈保泰，把運氣谷底的位置升高。如此一來，你便永遠是個好運、旺運的人，沒有一點煩惱了。

法雲居士謹識

好運隨你飆

《全新增訂版》

・目錄

命理生活叢書17之1

好運隨你飆《全新增訂版》

・目錄

前言——

好運隨你飆

命運是性格造成的。運氣則是『時間』的問題，訓練穩定的性格來控制時間，掌握運氣便一點也不難了。

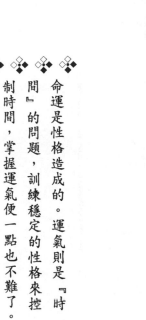

法雲居士

◎紫微論命
◎代尋偏財運時間

賜教處：台北市中山北路2段115巷43號3F-3
電　話：(02)2563-0620
傳　真：(02)2563-0489

前言㈠——

『好運隨你飆』這一本書是我繼『如何掌握旺運過一生』及『好運跟你跑』兩書以後，再次談到掌握命運和時間的新發現。『如何掌握旺運過一生』談的是人生旺運的高潮點與低潮點。『好運跟你跑』是對年輕人談到交友運、考試運、長輩運……等等的問題。

而這本『好運隨你飆』，我則是要談到如何利用『貴人運』、『金錢運』及『長輩運』、『交友運』……等等的諸多問題，並且告訴你以『運』增運的方法。

我經常告訴朋友們，命運是性格造成的，什麼樣的性格會有什麼樣的處事方法，也就造成了什麼樣的事情結局。問題一再重演，就由無數個小事件串連而成了整個人的命運。

通常命宮在『子』、『午』、『卯』、『酉』宮的人，會比較注重人際關係，也比較重視『感情』上的運氣。命宮在『辰』、『戌』、『丑』、『未』宮的人，比較注意『事件』上的運氣。而命宮在『寅』、『申』、『巳』、『亥』宮的人，比較注重『外出』時的運氣。這主要的原因，就是『子』、『午』、『卯』、『酉』宮為桃花四敗地的緣故。桃花重，不但注重人與人之間的感情運氣問題，更注意男女情愛的感情運氣問題。

命宮在『辰』、『戌』、『丑』、『未』宮的人，因命宮坐在四墓地，情感內斂，通常命坐四墓地的人主富，尤其是命宮坐『辰』、『戌』宮的人，都較為有錢，也喜歡努力事業愛賺錢。因此他們評量運氣的好壞總以事務的順利與否而來判斷，所要求的是事務的解決性。

命宮在『寅』、『申』、『巳』、『亥』宮的人，因命宮在四馬之地，驛馬重，奔波勞碌，因此最關心的是『外出』時所遇到的吉凶與否的問題。

由前面這些特性，我們可以看出，以人命宮的不同、性格思路的不同，而有不同對運氣上的需要。既然原始需求就不一樣，愛賺錢的人，除非你給他可幫助其賺錢的『貴人運』，否則像升官的『貴人運』他是不稀罕的。這就像命盤是『紫微在寅』、『紫微在申』格式中的人，他們一定會去尋找、靠近助其增富的貴人一樣，也不會白白浪費掉『貴人運』的。我們並且在許多擁有『武貪格』暴發運的人的身上發現，他們同時也擁有了極佳的『貴人運』。或許真正使他們暴發財富的人，正是一些『貴人運』的力量在推動他們的運程，一切的財富好像得到的很突然，但是仍是有脈絡可尋的。

我們也常可發現：雖然擁有了好運，但往往由於本人自身性格上的問題，而對好運產生種種的限制。例如雖知道擁有了『升官運』，但本身害羞怯懦，不會掌握機會好好表現，以至於浪費了升官運。又如明知有『考試運』，但卻因種種的思慮而沒有參加應考，以至於失去了好的考試運。

還有一些人，在擁有暴發運的時刻頻惹桃花、是非，以至於阻斷了暴發運的良好運程。因此我們常常可以看到因為性格上的怯懦、懷疑、多慮、衝動、反覆無常、努力不夠，都會缺少『臨門一腳』的功力而功敗垂成。故而就算是我們擁有了好運，還是需要具有無限冷靜思考的能力，穩定的心性與智慧，才能真正掌握住屬於我們的好運的。

運氣是一個『時間』上的問題，我在本書的序言中也談到，運氣有上下起伏、升降、流動、循環等的特性。既是時間上的問題，就會有稍縱即逝、快速顯現又快速消失的情況。在時間上沒有掌握到，下一輪再逢到時，已是三個月或一年以後的事了。況且每一個好運運氣的強度都是不一樣的。我們可以從大運、流年、流月、流日甚至於流時的數度相逢（大運、流年、流月、流日都有相同的好運星）為最強，其次是流年、流月、流日的相逢為次強。

再其次就是流月、流日的相逢了。倘若我們能預先從命盤中算出好運時刻，並列舉出屬於『貴人運』的好運時間。屬於『金錢運』的好運時間，屬於『偏財運』的好運時間，屬於『考試運』、『交友運』，一切吉祥如意的好運時間，把他們列舉出一張表格出來，你便能很輕易的掌握好運的運程。在有『貴人運』的時間內，努力升官、開展事業的大計劃。在有『考試運』的時間內，努力準備考試。在有『金錢運』、『偏財運』的時間內，努力並注意金錢的方向獲得方式。在擁有『交友運』的時間內，開拓人際關係或招考新部屬。如此一來，你實際上已掌握了整個的人生，也實際的做到戰無不利，攻無不勝的境地了。

前言(二)——

最近常有朋友來找我談運氣。好幾個朋友不約而同的講：『運氣這個東西真是不可捉摸的喲！現在景氣這麼壞，大家都苦哈哈的，偏就有某某，是運氣當頭，還在大賺錢。說不服氣嘛！又沒有理由。不甘心，倒是真的。這運氣到底是個什麼東西呢？捧不著，又摸不著，真叫人心急呀！』

運氣就是一段時間中所經歷的過程。簡言之，運氣就是『時間』的問題。很多朋友不服氣說：『你們這些算命的，一天到晚在幫別人算運氣，算得準嗎？況且時間是屬於科學方面的東西。命理和科學能夠掛得上鉤嗎？』

我想，這些問題是許許多多對命理不瞭解或一知半解的人，心中最大的疑問了。

的確，時間是科學方面的問題，美國太空人在發射升空，到太空執行任務時，連萬分之一秒都要精確的算出來。但是你別忘了！當我們每個人出生的時候，我們每個人的生辰八字，也是一種時間的紀錄。只是紀錄的方法是用中國人的方法，名稱不一樣而已。我們從出生到死亡，每一分、每一秒都活在『時間』中，難道這就不是科學了嗎？

基本上命理學是一種研究時間，探討人性的科學。因為與人的生活有密切的關係，所以它也是一門『人文科學』。

綜合的來講，命理學就是研究什麼樣的人，性格如何？處理對待周遭環境中其他的人、事、物的方法如何？以及在什麼樣的時間，他會用什麼樣的方法去對應處理，並且可知道會產生什麼樣吉凶好壞結果的一種學問。

當然，人性很複雜，時間也很複雜，自然導至人在掌握時間，運作行為模式，所產生的結果也會很複雜了，但是萬事總還脫離不了一種規律性、規則性。時間、時序都有規律性。日出、日落，一天二十四小時是規律性。春、夏、秋、冬四季是規律性。人也有人的規律性，就像脾氣暴躁的人，性子急，容易莽撞，思考不周密嚴謹，易出錯、敗事，也進不了財。脾氣太溫和的人，又沒有衝勁、幹勁，遇事拿不定主意，也容易成不了大事。命理學就是聚集、歸納了千千萬萬個規律性，並且分析出來，在什麼樣的時間點，什麼樣的人會發生什麼樣的事。這些時間點和人、事、物擦身而過的經驗，就是大家所謂的『運氣』，也是我們所談的命理。更是一般人所謂的『算命』了。

算命，算什麼？就是『算時間』。算命又算什麼？就是算『人的個性

·前言(二)·

』，算『人對應事物的態度』。自然，最後人得到什麼樣的結果，是好事、壞事，是成功、是失敗，就全然清楚、明白了。這好像連連看的紙上遊戲一般，每一種時間、人的每一種情緒起伏，再加上每遇到的周圍關係情況，三個條件加起來，都會形成某事件的吉凶成敗，因此這些吉凶成敗有大有小，並不全一樣。

一般人想算命、愛算命，只想得到吉凶成敗的結果。並不用心去思考時間的問題，自己情緒的問題，與如何面對、應付的問題。完全想靠別人來幫他理出一個頭緒，所以喜歡去算命。很多人連自己都不瞭解。不瞭解自己在何時會有情緒上的起伏，也不瞭解自己的潛在能力，又更不瞭解自己面對事物時會有什麼反應？同時也不瞭解當環境中有變化時，要如何面對和處理。當然就更不瞭解每一個時間點在移動時，會發生什麼樣的事物了。所以人們要依賴『算命』來解惑。

至於算命，算得準不準？就要看當時解讀這個事件發生時，能解讀出『時間、人為因素、當時的環境狀況，三者交叉齊集在一點時，所放出的能量問題』的人了。也就是要看解讀命理的算命師的功力和水準了。

紫微斗數對於時間的掌握非常精準，尤其是在大運、流年、流月方面是

・前言(二)・

特別準確的。在人性的解讀和情緒變化的起伏上面，星曜的顯示所代表的多重意義，也能含括所有的變化。只要你不是對自己和對命理存有太多的幻想和企求，而以公正的、平實的心情來追求學問的話，你就能把命理解讀得很好，算命也算得準了。

我看到一些人，看到自己命盤中有一個紫府，老是去和別人比較，當他發覺自己的財沒別人多、官沒別人大、事業沒別人好時，便說算命不準，是騙人的了。這種人比來比去，唯一沒比的，是他的老爸、他的父母有沒有別人的父母財高權大？他家的祖德有沒有別人的高超？他自己努力奮鬥的能力有沒有別人強？他只是來比結果，比現在他所享受到的財富多寡，卻沒有比較源頭上的基因好壞。因此同樣有一個紫府，結果都是不一樣的。再加上，每個人的命盤中都有紫微星、天府星……等等，也就是每個人的星盤中都有相同數量的相同星曜，但排列組合不一樣。就算排列組合是一樣的，但每個人的出生環境皆不同，父母也不相同，出生時間亦有差異，先天的遺傳基因也有差異，自然所形成的結果縱使類似，仍是絕然不同的兩個個體，是無法根本完全相同的。

其實人不該固執的鑽這種牛角尖。人應該運用斗數對『時間』的敏感性

好運隨你飆
《全新增訂版》
・前言(二)・

和精確性，改善我們的性格、情緒中負面不好的特性，改變環境中不利於我們的歧點。勇於穩住、挑出自己生命中對自己有利的『時間』點，或是運用智慧，創作一個對自己有利的時間點，這樣對自己的生命、對自己的人生才會有意義。

好運隨時掌握在細心、聰明能明察秋毫、隨時做自我反省的人的手中。好運也掌握在對時間、對自己的性格、情緒、能力有充分明瞭，再兼而運用、掌控的人的手中，因此要算得準命，要把握運氣，不是不可能的。『好運隨你飆』的關鍵問題，就完全在你自己了。

人們在想找運氣的時候，總是：缺錢的人，就急著看財運、找財運。想升官的人，就急著找官運，看官運。臨到考試了，急著看考運。和家人、父母、兄弟、子女不和了，才急著看六親運。被別人倒帳、欠債了，才來看朋友運。

所以，所有的人，都是在某一個運氣缺乏的時候，才來找這方面的運氣。看起來十分可笑，但世上的人大多如此。而且缺財運的人，只是急衝衝的只專注財運方面的問題，不會顧及其他方面。臨到升官、考試時，也只專注於

・前言(二)・

官運、考運的問題，也不顧及其他方面的運氣。我覺得這是不好的。

所有的運氣，不論財運、官運、考運、六親運、事業運，其實都是相連的，有一脈傳承的牽連性的。沒有那一個運氣會真正可以單獨成立的。只是我們在看運氣的人，單獨把它挑出來看罷了。

在人所有的運氣中，為首的應該是『貴人運』，有了貴人，有了有權力、地位的人的大力推介，助力，有了對你可施與專屬利益的人，你才能賺到錢，或坐上官職，或考試考得好，或得到家人、親朋的助力、情緣。因此我認為『貴人運』是所有運氣的母親。由它的孕育才產生出像財運、事業運、官運、考運、六親運等的一切美好的運氣。所以我把『貴人運』放在第一章。由『貴人運』再引介出其他各位想要的運氣。

所有的人想賺錢，想升官都必須要有機會，機會就是人緣關係。『貴人運』是第一個創造出人緣關係來的運氣。所以，『貴人運』是人生中第一個，也是最重要的課題，『貴人運』每個人都有，但有強弱、大小之分。也必須看其人會不會運用，創造、推展。當然，這些應用『貴人運』的功力大小，會對人在求財、求上進、求福壽康寧，事業有成時，會佔有成功時的重大比率。所以不是每個人應該輕易輕忽的，現在讓我們一同來看看如何讓『貴人運』飆起來。

第一章

如何讓『貴人運』飆起來

❖『貴人運』雖然人人都有，但是有強弱之分，我們可以學習給自己創造『貴人運』的方法，多結善緣，可以廣為招睞『貴人運』！

第一章　如何讓『貴人運』飆起來

大家一聽到『貴人運』都是羨慕不已的，但是卻並不能確定自己到底有沒有『貴人運』？

實際上，每一個人都擁有『貴人運』。只是有的人『貴人運』較強勢、較有力。性格上較穩定，也願意接受貴人的扶助，並且願意盡力去符合貴人的要求標準，以達到讓貴人幫助自己的意願。

某些人的『貴人運』較弱，主要原因也是因為其人本性對事務的積極性不夠、較懶，並且認為有沒有人幫助沒什麼大關係。有時這些人也會較衝動、性格不穩定，對自身的要求不高，反而去要求別人，因此讓可以成為其貴人的人怯步。另外更有一些人根本不喜歡別人管他、幫助他。反而覺得這種幫助是一種累贅，而排斥貴人運。

通常我們稱可以幫助自己的人為貴人。擁有這種可得到幫助運氣的人為擁有『貴人運』的人。但是幫助有很多種，例如升官上的幫助、事業上的幫助、金錢上的幫助……等等。『貴人運』因此也有很多種的不同。

『貴人運』應用的範圍很廣，舉凡升官、發財、事業、讀書，甚至於六親內的幫助，也都可談得上是『貴人運』了。為什麼這麼說呢？有良好的父母宮的人，與父母的感情融洽，父母對其照顧周到，此人的文化水準、學歷都會較高，一生受父母的恩澤大，並有祖蔭庇護，父母就是他的貴人。

以前我曾談到過，有一位鐵工廠的老闆生育一名智障兒，此子具有『暴發運』，很快的給家中父母帶來很大的財富，這個小孩就成了父母的『貴人』。由此可見『貴人運』是只要能幫助人得到利益的情形都算做是。並不會有長幼輩份的分別，或是有親疏內外的分別。也不會有事務種類的分別。

如何來尋找『貴人運』

要知道自己的『貴人運』有多少，我們必須先從自己的命盤來下手。有關於『貴人運』的星曜，其實不只是『天梁星』這一顆而已。實際上有許多星曜或多或少都會給我們帶來『貴人運』。

有陰陽之別的貴人運

例如太陽、太陰這兩星居旺時；太陽代表男性長輩、父親、男性朋友、同事。太陰代表女性長輩、母親、女性朋友及同事。也就是說，在自己命盤裡有太陽、太陰居旺時的情形下，你的男性及女性的『貴人運』都會很旺盛。這其中還包括了你的父親、母親，以及兄弟姐妹等的人。若太陽、太陰居陷時，就稱做是『日月反背』的格局了。這時你的『貴人運』將失去大半的助力。

事件上的貴人運

其次在事件上的『貴人運』尚有天機、貪狼、文昌、紫微等星曜，可以幫助你做事時有『好』的轉機。天機居旺時，事情會愈『變』愈好。貪狼居旺時，會有突發的好運。文昌是臨時貴人，是突然出現在某一時刻的貴人。當然也是要在旺地才會展現的貴人。紫微星是平順祥和的『貴人星』，在走『紫微運』的運程裡，會有一隻幸運的青鳥，引領你走在順利祥和又處處受人敬重的道路上，讓你一帆風順，直達目的地。

權、祿、科所屬的貴人運

此外化權星、化祿星、化科星，雖然是助你自身產生某種能量的星曜。但也算是『貴人星』。例如在走『化權運』時，你就具有了『權利、地位』的力量。大家都願意聽你的，願意服膺你的領導。在擁有這顆化權星的『貴人運』的年、月、日、時，你是何等的尊貴，意氣風發、說話有份量、處事果斷、得人尊重。在走『化祿運』時，你就具有了『匯集財富與人緣』的力量。大家與你交好，視你為吉祥、平和、好運的人。走在『化科運』時，你就具備了『文化水準的外表與內涵，以及精明的辦事能力』的力量。因此這三顆星，讓你無論走到那裡，皆是處處有貴人，處處有好運的狀況。

天福降臨的貴人運

現在我們再來談談天同、天相這兩顆星，所能帶來的『貴人運』的狀況。天同星是一種自然承受的福德。因為本身不愛爭，給別人沒有壓力，而使人產生好感，願意把好運送給他。天相星則是因為本身的好心有好報、勤勞的付出，讓周遭的人都覺得他是好人，願意分一些好運給他，大家也都讚同，這是他所應得的好運。這兩種『貴人運』是平和漸漸形成的。『貴人運』的力道柔和不強，並且要靠長時間的形成。你所能感受到的『貴人運』也很弱。

如何利用『貴人運』

天梁星

這是『貴人運』中最重要的一顆星。天梁星是『蔭星』。

特質：

可以得到祖上或長輩、父母、上司的照顧，也喜歡照顧別人。當天梁居旺時，這些狀況就顯現得淋漓盡致。當天梁陷落時，這些狀況就消失不明顯了。主要是因為天梁在『巳』、『申』、『亥』宮居陷落之位時，其對宮或同宮的天同對其影響，形成積極性不夠的情形。好逸惡勞、得過且過，凡事不用心也不操心的緣故。當然付出的不多，接受到的福份也就不多了。

我們常可發現許多家庭中的長子、長女都具有天梁居旺的這顆『貴人星』，得到寵愛和較好的照顧。若是亦有天梁陷落情形的人，則多半是由奶媽、祖母或別人帶大，與長輩的關係也不甚良好。小時候的成長過程是艱辛的，身體也較不好。因此可以說，天梁這顆『貴人星』是從我們出生時便開始跟隨我們過一生的了。由此也可證明，在人的幼年時代，父母與長輩就是我們的貴人了。

所產生的效益：

天梁星在我們一生中的運程裡，影響我們的人生至鉅，主要是因為天梁會在我們的命格中形成一些格局。而這些格局正左右了我們一生所走的路、事業、賺錢方式、生活環境和一切喜、怒、哀、樂的事情。到底天梁星為什麼這麼重要呢？

天梁星是形成『陽梁昌祿』格和『機月同梁』格這兩個主宰我們人生格局中挑大樑的一顆主星。若失去了這顆主星便不成格局。天梁位置不佳，也不成格局。此星若是陷落，這兩個格局的人生層次與等級也會降落不少。

『陽梁昌祿』格

『陽梁昌祿』格是主貴的格局。同樣也表示你能得到極好的照顧的一個格局。此格局主管考試、進陞等級、文化素養、加官進爵、走官途、學歷資格的一個格局。我們當然知道，在考試與升官的過程裡，沒有知識與貴人的提拔是不行的。我們也知道，除了貴人的提拔，尚須擁有學識、人緣和好運。於是『陽梁昌祿』格便全都給了你了。文昌、祿星、太陽便和貴人星天梁，形成了極佳的『貴人運』。

通常擁有『陽梁昌祿』格的人，知識水準與學歷都比較高，長大工作時也比較順利。尤其是當太陽、天梁、文昌、祿星（祿存和化祿星）都居旺時，是一帆風順，青雲直上的人生運程與命格。

『機月同梁』格

『機月同梁』格是做公務員或薪水階級，可走官途的格局。但其格局的形成與『陽梁昌祿』格略有不同。其人生層次也有不同。

『機月同梁』格是由天機、太陰、天同、天梁這四顆星在命盤中的四方三合地帶相互照耀而形成。這個格局中有天機的聰明、太陰的陰柔和財力所組合而成。並且此處的天梁星更含有另外一種特性，也就是閒雲野鶴似的開闊胸懷。因此『機月同梁』格，基本上是按步就班，可以運用稍許的機巧就能應付人生的一種本能格局。若命格裡只有『機月同梁』格的人，便是只有做一個普通上班族、薪水階級或做普通的公教人員的命格了。

具有混合格局的人，好運更多

所謂混合格局也就是同時具有兩種格局以上的命格。也就是在『陽梁昌祿』格、『機月同梁』格、『武貪』格、『火、鈴貪』格等同時具備超過兩種以上格局的命格。

這種狀況有下列五種情形：

1. **同時具有『陽梁昌祿』格和『機月同梁』格的人**。其人在人生運程裡會按步就班的讀書、人生運程大致很順遂。成年後參加政府拔擢用人的升等考試，而能進階成為政府的高級官員，或成為高級知識份子在大學中教書，或在社會上成為菁英份子。我們可以在前總統李登輝的命盤格局中，看到他的本命天梁化祿在『午』宮居廟時，『貴人運』的強大助力。同時我們也可清楚的瞭解到為什麼他能從政府的官員，一步步邁向總統之位，這麼得天獨厚的運氣了。

2. **同時具有『陽梁昌祿』格和『武貪』格暴發運格的人**。擁有這種命格的人，多半是『紫微在寅』、『紫微在申』命盤格式的人。某些人甚至還可同時再擁有『機月同梁』格，成為一起擁有三種格局在命格中的人。這種人擁有這麼多的好運，在朝為官，升官會很快。但因其過度的能幹，不會甘於政府機關緩慢的升遷模式。多半會自創事業。我們可以在一些大企業的負責人身上看到這種命格的展現。例如長榮公司的老闆張榮發先生就是極明顯的一例。

3. **同時具有『機月同梁』格和『武貪格』的人**。其人的命盤在人生格局上不如前面兩者順利祥和、格局大。是一種保守的、公教人員的、薪水階級的運程裡，又有起落分明的界限。在人生的衝刺努力上常有力不從心之感。例如『紫微在巳』、『紫微在亥』命盤格式的人，皆有此命格。

4. **同時具有『陽梁昌祿』格和『火、鈴貪』格的人**。這兩種格局在人生歷程上同樣都具有大起大落、起落分明，某些年大發、大紅大紫，某些年黯淡無光的日子。因此這就須要好好把握『貴人運』了，才不會在大落的日子裡一敗塗地。

5. **同時具有『機月同梁』格和『火、鈴貪』格的人**。這種命格的人和第三項『機月同梁』格和『武貪』格的情況略同，不過呢，它比較存在於『紫微在丑』和『紫微在未』的命盤格式中，而形成『火廉貪』、『鈴廉貪』的格局。因廉貪陷落的關係，其暴發力量不如『武貪』格的強。其人也會對暴發運太過關心而不重實際。它也較會存在於『紫微在子』、『紫微在午』、『紫微在卯』、『紫微在酉』等命盤格式中。『紫微在子』和『紫微在午』命盤格式中，因貪狼居旺，故暴發強。其人會在午年或子年暴發，使人生運勢一飛衝天而增高。『紫微在卯』和『紫微在酉』兩個命盤格式的人，因貪狼居平，暴發力稍弱，但仍可在錢財上得到一切小財富，仍無法成為富人。

如何找出自己的人生格局

要知道自己的人生格局，很簡單。只要先找出自己的紫微命盤中，紫微星所在的宮位，便知道自己是屬於那一個命理格局的人了。例如『紫微在子』、『紫微在丑』、『紫微在寅』……等等的命理格局。

你的命格裡有那些『格局』

❶『紫微在子』命盤格局的人。你們普通都具有『機月同梁』格。而有下列年份及生時的人，具有完整的『陽梁昌祿』格，主貴。乙年、丙年、丁年、戊年、己年、庚年、辛年、壬年生的人，又生在丑時、未時、巳

時、酉時的話，你們具有完整的『陽梁昌祿』格。

◎生年是寅、午、戌年生的人，生在巳時、亥時有『火貪格』。生在卯時、酉時有『鈴貪格』，具有暴發運。（因火、鈴在子、午出現的關係）

◎生年是申、子、辰年生的人，生在辰時、戌時有『火貪格』。生在寅

『陽梁昌祿』格為　－－－－－－
『機月同梁』格為　——————
『武貪』格為　…………………
『火貪』、『鈴貪』格為　------------

①紫微在子

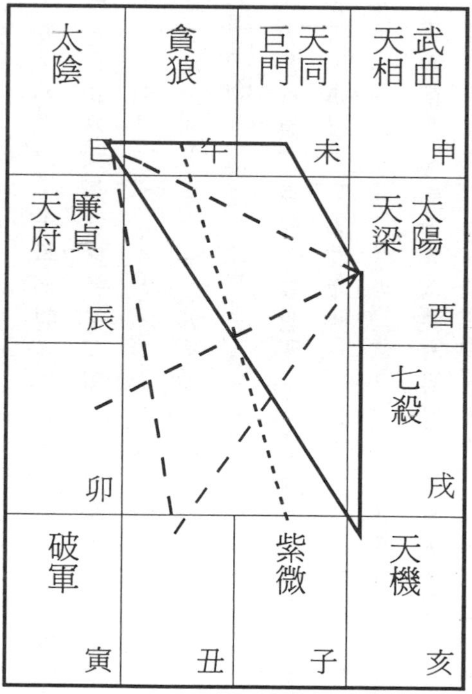

時、申時有『鈴貪格』。（因火、鈴在子、午出現的關係）
◎生年是巳、酉、丑、亥、卯、未年生的人，生在卯時、酉時有『火貪格』。生在寅時、申時有『鈴貪格』。（因火、鈴在子、午出現的關係）

❷**『紫微在丑』命盤格局的人**。你們只具有『機月同梁』格。為一上班族、薪水階級、軍警、公教人員的命格。縱使形成『火貪』、『鈴貪』格，因貪狼陷落的關係，所爆發的財富也很小。你們的天梁星在『申』宮居陷的關係，『貴人運』不強，必須一切靠自己。並且兼有『日月反背』的格局，太陽、太陰都居陷。『貴人運』可算是很差的。但仍可形折射的陽梁昌祿格，例如在『申、子、辰』等一組的宮位加上辰、戌相對照的戌宮中，有文昌、化祿、祿存等星可形成。另一種是『寅、午、戌』宮和申宮有文昌、祿存、化祿，亦可形成折射的『陽梁昌祿』格會增高人生的價值。

『陽梁昌祿』格為
『機月同梁』格為
『武貪』格為
『火貪』、『鈴貪』格為

②紫微在丑

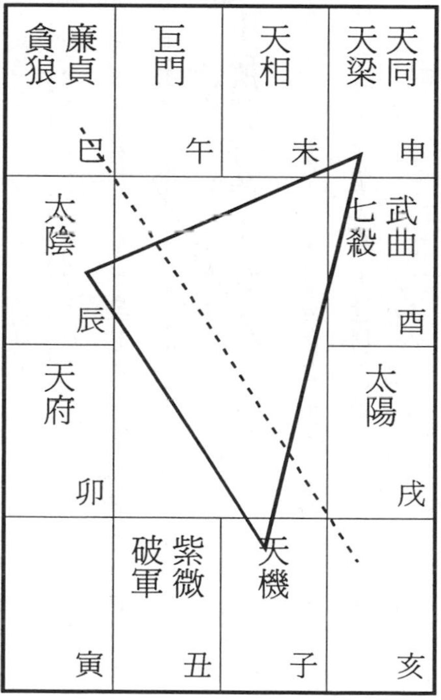

※此命盤中可形成折射的『陽梁昌祿』格

❸『紫微在寅』命盤格局的人。你們是擁有正統『武貪格』暴發運的人。

有下列年份及生時的人，會具有完整的『陽梁昌祿』格。

乙年、丁年、戊年、庚年、辛年、壬年生的人，又生在卯時、巳時、未時、亥時的話，你們的『陽梁昌祿』格最完整，可以擁有高學歷、走學術與政府機關走官途的路線。但因為你的『陽梁昌祿』格中有日月反背的現象。太陽星是居陷落位置的，故在某些年份裡『貴人運』並不那麼好了。多努力考試成績還是不錯的。

『紫微在寅』格局中，還含有『機月同梁』格。某些人會在短暫的時間裡從公職，或做一段時間的薪水階級。但這些時間很短，你們多半會自

③紫微在寅

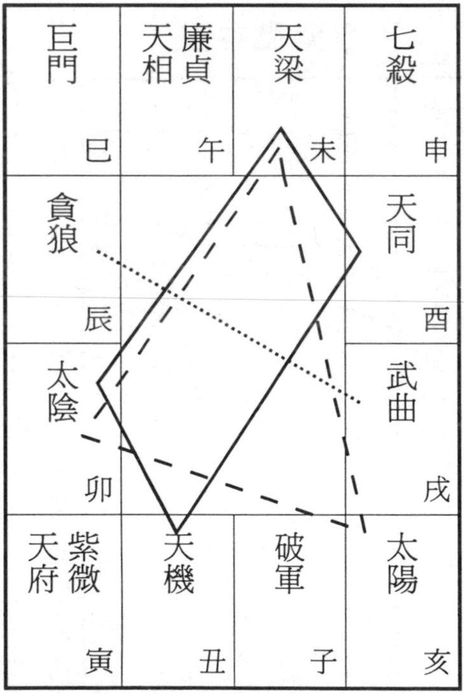

己開創事業做老闆。因為具有『武貪格』的人，多半是時勢造英雄的局勢，運程走到暴發運時，便水到渠成的做上老闆，開創了新事業了。如果在辰、戌宮有火、鈴進入，可成為『雙重暴發運』格。但以火星和貪狼宮同宮為好，火星對武曲仍有『刑財』的問題，同宮時較不利，戌年就不一定會有極大財富可發了，或是發了大財，卻有嚴重車禍血光的問題。

❹ **『紫微在卯』命盤格局的人**。你們命格中的標準格局是『機月同梁』格。但因太陽、天梁在子、午宮相對照的關係，也很容易形成『陽梁昌祿』格。乙年、丁年、戊年、己年、庚年、辛年、壬年、癸年生的人，又生在丑時、辰時、未時、戌時的話，會擁有完整的『陽梁昌祿』格。

另外◎生年是寅、午、戌年生的人，生在寅時、申時生的人，有『火貪格』。生在子時、午時生的人有『鈴貪格』暴發運。

◎生年是申、子、辰年生的人，生在丑時、未時有『火貪格』。生在巳時、亥時有『鈴貪格』。

◎生年是巳、酉、丑、亥、卯、未年生的人，生在子時、午時有『火貪格』。生在巳時、亥時的人有『鈴貪格』。

※普通具有『陽梁昌祿』格和『機月同梁』格兩種格局的人，會從公職、教職，在政府機關或學校工作。具有加上『暴發格』在內的三種格局的人，多半會從商，自己開創大事業。

④紫微在卯

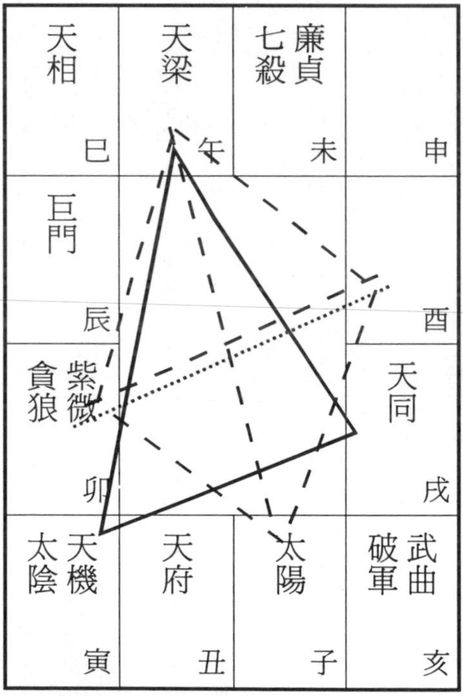

5『紫微在辰』命盤格局的人。你們的命格中含有『機月同梁』格。丙年、丁年、戊年、庚年、辛年、壬年生的人，又生在丑時、巳時、酉時、亥時的話，你們並具有完整的『陽梁昌祿』格。

但是因為你們的命局中，天梁與太陽都是陷落的。因此在走官途時『貴人運』缺乏，在男性的社會中競爭力較差，因此並不順遂。一生中也有某幾個年份是不利的。但有『陽梁昌祿』格的人，仍能力爭上游，雖然辛苦，仍可打下一片天地。

⑤紫微在辰

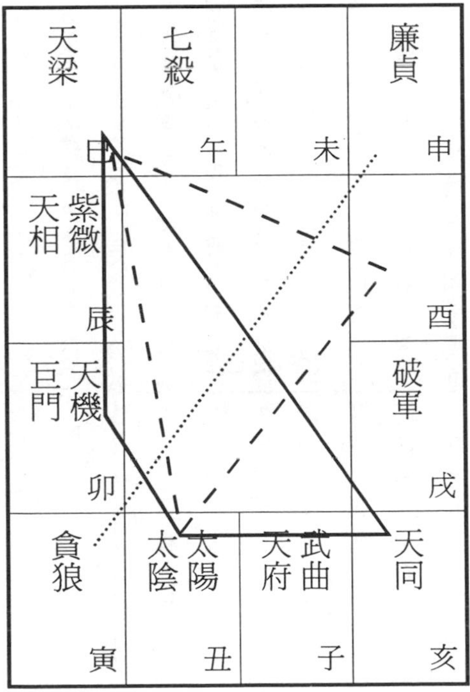

另外◎生年是寅、午、戌年，生於丑時、未時的人有『火貪』格。生於巳時、亥時的人有『鈴貪』格。
◎生年是申、子、辰年，生於子時、午時的人有『火貪格』。生於辰時、戌時的人有『鈴貪』格。
◎生年是巳、酉、丑、卯、亥、未年，生於巳時、亥時有『火貪格』。生於辰時、戌時有『鈴貪格』。

❻『紫微在巳』命盤格局的人。你們的命格中是標準的『機月同梁』格和『武貪格』的雙重命格。你一定會做公教人員、軍警人員或薪水階級的人，而且不時的用暴發運來升官或發財。一生運程大起大落，財富也是暴起暴落型的。你們一生受『武貪格』的影響很大，願意為事業和賺錢拼命。因為太陽和天梁的角度問題，你們沒有完整的『陽梁昌祿』格，但可有折射的『陽梁昌祿』格。例如蔣宋美齡女士的命格，因此能走官途的人，多半以軍警職為踏入官途之路。
所謂折射的『陽梁昌祿』格，就是原來在辰宮、寅宮、申宮、戌宮有祿存或化祿，再在申宮或戌宮有文昌星出現。也就是『陽梁昌祿』格

由『申、子、辰』宮和寅宮形成的一種方式，或是由『寅、午、戌』宮和辰宮形成的一種方式。這其中由於寅、申相對照或是辰、戌宮相對照的關係，而形成折射的『陽梁昌祿』格。

另外在丑宮、未宮若有火星、鈴星進入，就可形成雙重的暴發運格。若火、鈴和武貪同在丑宮，丑年就可暴發超出想像、有驚人的暴發力，

⑥紫微在巳

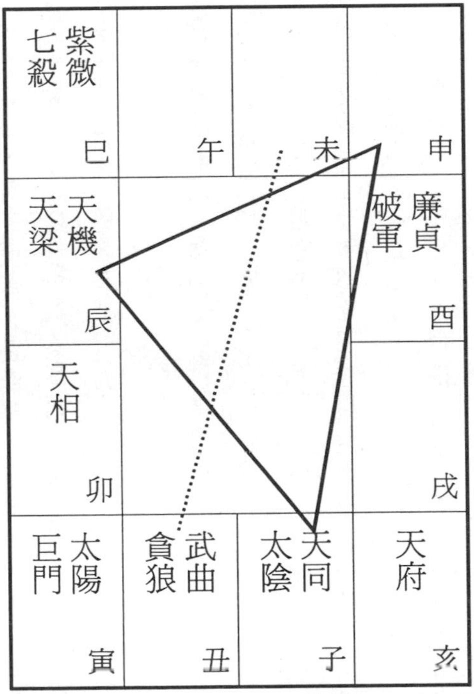

※此命盤中可形成折射的『陽梁昌祿』格

無論在錢財和事業上的突然崛起，都是讓人訝異咋舌的。若火、鈴在未宮和丑宮的武貪相照，則丑年、未年都有暴發運，程度也很大，是高於一般只有『武貪格』的暴發運氣的。

❼ **『紫微在午』命盤格局的人**。你們命盤格局裡主要是以『機月同梁』格為主，『陽梁昌祿』格為輔。乙年、丁年、戊年、己年、庚年、辛年、壬年、癸年生的人，又生在丑時、卯時、辰時、未時、戌時、亥時的人，具有完整的『陽梁昌祿』格。學識與地位都會很高。參加政府機關的考試，可得拔擢成為政府官員。

下列生年、生時出生的人，會有『火貪格』、『鈴貪格』暴發運。

◎在寅、午、戌年出生的人，又生在巳時、亥時，會有『火貪格』。生在卯時、酉時會有『鈴貪格』暴發運。

◎在申、子、辰年出生的人，又生在辰時、戌時，會有『火貪格』。生在寅、申時會有『鈴貪格』。

◎在巳、酉、丑、亥、卯、未年生的人，又生在卯時、酉時的人，會有『火貪格』。生在寅時、申時的人，會有『鈴貪格』。

※若是三種格局都有的人，一定會成為大企業的負責人，不會想走官途了。因為你們的好運星很多，隨時都有好的機會，貴人也處處相逢的緣故，喜歡自己做大事業。

⑦紫微在午

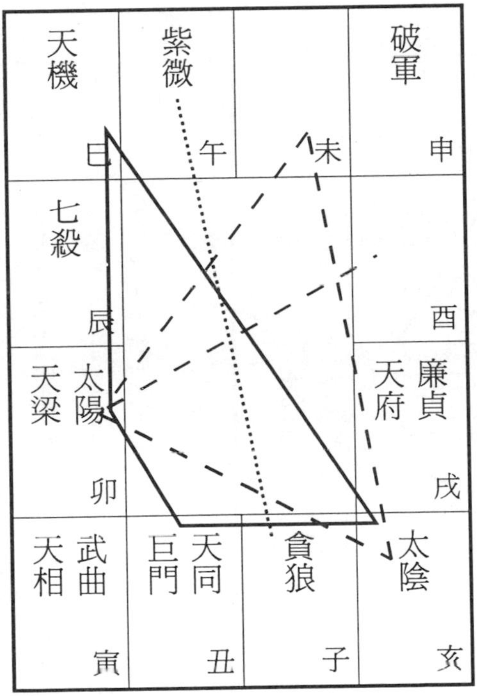

❽『紫微在未』命盤格局的人。你們命局中的基本型態就是『機月同梁』格。因為太陽和天梁的角度不好，因此無法形成完整的『陽梁昌祿』格。亦可有折射的『陽梁昌祿』。由寅、午、戌、辰一組的宮位或由『申、子、辰、寅』一組的宮位形成，都非常有用。

⑧紫微在未

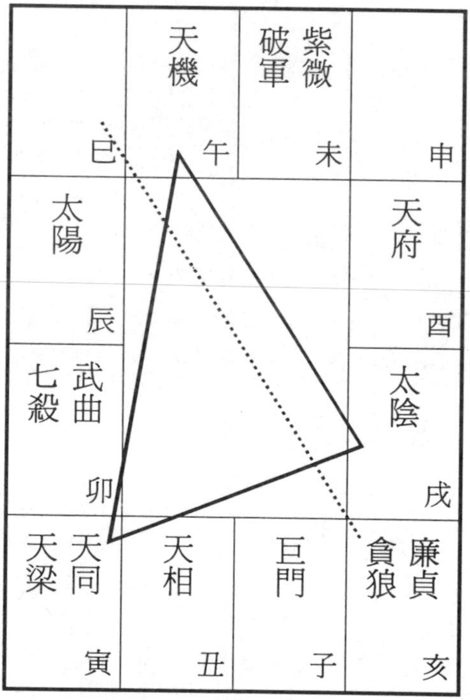

※此命盤中可形成折射的『陽梁昌祿』格

『紫微在未』命盤格局的人，若有火星、鈴星在『巳』宮出現，還會有稍許的暴發運。若火星、鈴星出現在『亥』宮，暴發運微乎其微，也許暴發最多只有一、二十萬而已了。

你們一生都是需要拼命努力才會順利有事業的人。所幸的是你們的太陽、太陰、天梁等『貴人星』及『好運星』都在旺位，運程要比『紫微在丑』命盤格局的人，好出很多來。從軍警職會有較大的功績與前程。此外做薪水階級，上班族會較順利。

⑨

『紫微在申』命盤格局的人。你們的命盤格局中有三種形態的格局。包括有『陽梁昌祿』格、『武貪格』、『機月同梁』格。丙年、丁年、戊年、庚年、辛年、壬年生的人，又生在丑時、巳時、酉時的話，你們是擁有非常完整的『陽梁昌祿』格的人。此命盤格局的人，多半會自己開創大事業，不會去走官途，例如長榮海運的老闆張榮發先生即是此命盤格局的人。

如果在辰、戌宮再有火、鈴進入，會有雙重暴發運，但以火星和貪狼同宮在戌宮較好。火星和武曲同宮在辰宮，仍有『刑財』的危機，辰年較有傷災刑剋。

⑨紫微在申

太陽 巳	破軍 午	天機 未	紫微 天府 申
武曲 辰			太陰 酉
天同 卯			貪狼 戌
七殺 寅	天梁 丑	廉貞 天相 子	巨門 亥

⑩**『紫微在酉』命盤格局的人**。你們擁有標準的『機月同梁』格，太陽與天梁又在子、午宮相對照，很容易形成『陽梁昌祿』格。乙年、丁年、己年、庚年、辛年、壬年、癸年生的人，又生在丑時、辰時、未時、戌時的話，會擁有完整的『陽梁昌祿』格。

下列生年生時的人，會擁有『火貪格』、『鈴貪格』暴發運。

◎寅、午、戌年生的人，生在寅時、申時的人有『火貪格』。生在子時、午時的人有『鈴貪格』暴發運。

◎申、子、辰年生的人，生在丑時、未時會有『火貪格』。生在巳時、亥時會有『鈴貪格』。

⑩紫微在酉

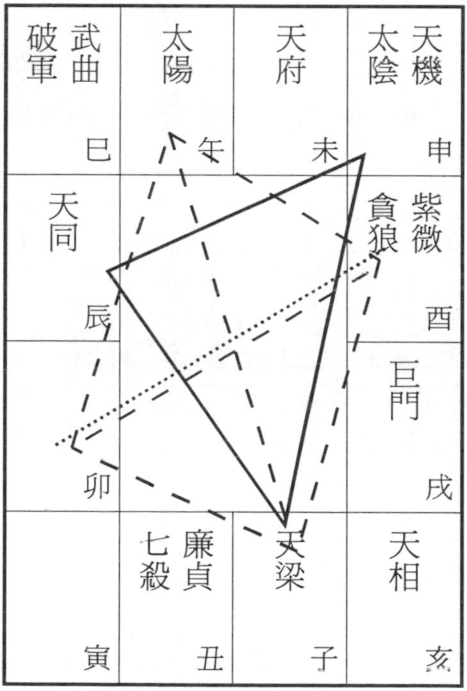

◎巳、酉、丑、亥、卯、未年生的人，生在子時、午時的人有『火貪格』。生在巳時、亥時的人，有『鈴貪格』。

※有『機月同梁』格和『陽梁昌祿』格兩種格局的人，會從政府公務員做起，從官職一步步的往上邁進。例如前國防部長陳履安先生便是『紫微在酉』命盤格局的人。

同樣的，若有包括『火貪』、『鈴貪』等暴發運在內，有三種格局在命局中的人，會自己開創大事業。

⑪『紫微在戌』命盤格局的人。

你們具有『機月同梁』格和『陽梁昌祿』格的混合體。乙年、丁年、庚年、壬年生的的人，又生在卯時、未時、酉時、亥時的人，是具備完整的『陽梁昌祿』格的人。

下列生年、生時的人，會擁有『火貪格』、『鈴貪格』暴發運。

◎寅、午、戌年生的人，生在丑時、未時有『火貪格』。生在巳時、亥時有『鈴貪格』。

◎申、子、辰年生的人，生在子時、午時有『火貪格』。生在辰時、戌時有『鈴貪格』。

◎巳、酉、丑、亥、卯、未年生的人，生在巳時、亥時有『火貪格』，
生在辰時、戌時有『鈴貪格』。

⑪紫微在戌

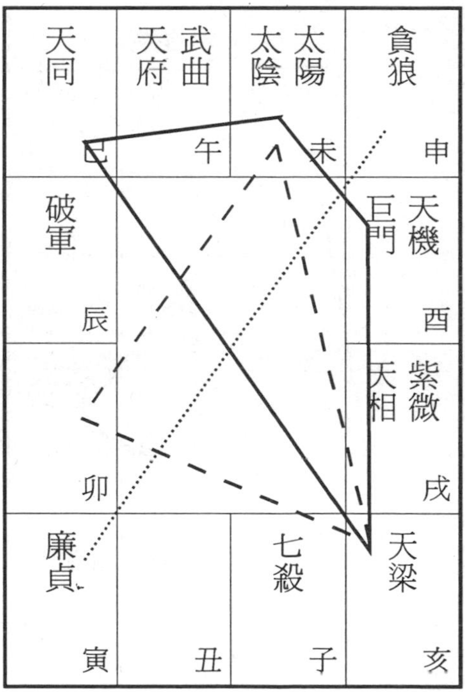

『紫微在戌』命盤格局的人，多半會做公職、教職。雖然你們的天梁『貴人星』是陷落的，但太陽星是居旺的，因此靠自身的努力，仍可大有作為。你們多半有一技之長，成為擁有特殊技能的專業人才。一生的運程是平穩安定的漸次向前邁進。因此也會有不錯的事業表現。

「**紫微在亥**」命盤格式的人。你們具有『機月同梁』格的標準格局和『武貪格』的混合型態。因此你們肯定會做公教職，或在大機構上班的薪水階級。從軍警職比較能入官途。你們一生會把精力投注在事業與賺錢上。除非有特殊的機緣，否則較少會去增高學歷或做政府官員。你們一生是大起大落，但仍有極強的奮鬥力量，會把握每一個突起的暴發運。某些人也會形成折射的『陽梁昌祿』格。例如『申、子、辰』一組宮位

⑫紫微在亥

天府　　巳	太陰　天同　午	武曲　貪狼　未	太陽　巨門　申
辰			天相　　酉
廉貞　破軍　卯			天機　天梁　戌
寅	丑	子	七殺　紫微　亥

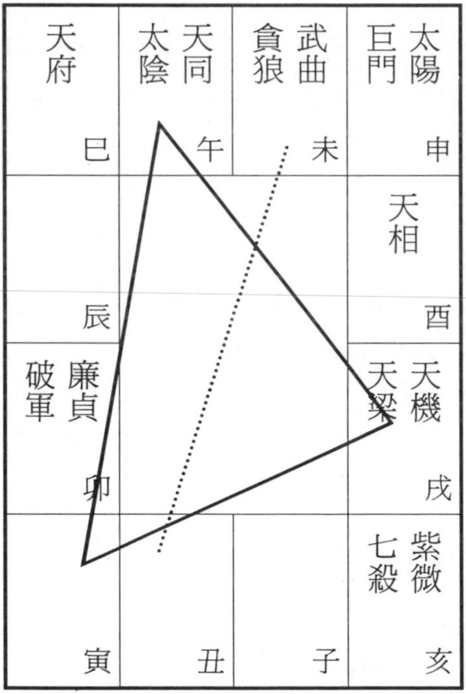

※此命盤中可形成折射
　的『陽梁昌祿』格

再加寅宮，其中有化祿、祿存、文昌。另一種是『寅、午、戌』一組宮位再加辰宮，其中有化祿、祿存、文昌時，就可形成『折射』的『陽梁昌祿』格了，另外有火、鈴進入丑、未宮，也可形成雙重暴發運格。

1. 如何利用『天梁星』來造運

每一個人的命盤中都有『天梁星』。你首先要確定屬於自己的天梁星坐在什麼宮位。天梁居『子』、『丑』、『寅』、『卯』、『辰』、『午』、『未』、『戌』等宮都是居旺的。只有在『巳』、『申』、『亥』宮時是落陷。

若你的天梁星是居旺的，而又確定自己擁有『陽梁昌祿』格的話，在運逢『天梁運』的流年與流月中，你都能確定自己可擁有極佳的考試運、升官運、長輩貴人運、長輩朋友運。也可確定此運程中會擁有好的成績。天梁在『酉』宮時因和太陽同宮，此時的太陽居平陷之位，為日落西山，天梁亦在『得地』之位，故情況並不太好。此時若形成『陽梁昌祿』格，依然會有考試運。可是升官運及貴人運不算強，這是需要有心理準備的。

2. 天梁在『巳』、『亥』、『申』宮居陷的人，當天梁在『巳』、『亥』宮居陷時，你是『紫微在辰』、『紫微在戌』命盤格局的人。你若仍是具有『陽梁昌祿』格的人，你仍是有考試運及升官運的人，只是貴人不顯，一切必須靠自己的努力，若能辛苦一點，考試與升官依然有希望。貴人就是『你自己』！若命格中沒有『陽梁昌祿』格的人，你在走『天梁運』時，會因對宮天同福星居旺的影響很愛玩、愛享福。那此時就快樂的玩耍吧！

天梁在『申』宮時與天同福星同宮，此時福星居旺，你也是喜歡忙碌玩耍的運程，此時你是『紫微在丑』命盤格式的人。在這個『同梁』運程裡，只要有固定的工作，你並沒有太多的進取心，因此你也從不會擔心『貴人運』的問題。

3. 在具有『天梁居旺』的流年、流月中，多與長輩級、上司級的人物接近，你會更容易得到『貴人運』。

在『天梁運』的運程中，你的心情是開朗寬闊、不拘小節的。由其對周遭的親朋好友，無論老少都會關懷備至、慈愛照顧。此時你非常喜歡幫助人，因此給你積下許多善因。『貴人運』也很容易降臨在你的身上。

4. 在具有『天梁運』的流年、流月中，因天梁所在的宮位，即是拜神最靈驗的宮位。你應在此時多參加宗教活動。在宗教場所中、天人相應合，會給你帶來極佳的『貴人運』。許多政府高官在職務變動之際，多轉向宗教活動的虔誠參與，即是知道『貴人運』也在宗教之中。

5. 在『天梁居旺』的流年、流月中，你會具有穩定的性格，善於策劃謀略，也會特別注重個人的利益，因此你對能幫助你，對你有利的人、事、物會特別留意。也很願意對能幫助你的人所產生的要求提出相對的回應，是故你很容易便察覺出誰是你的貴人了。而在『天梁居陷』的流年、流月中，你卻並不認為別人幫得上忙，因此也不想麻煩別人。有時你根本不喜歡、不希望別人管你的閒事。若能改變自己的這個想法，『貴人運』也不是完全沒有希望的。

太陽星

這是『貴人運』中能讓你好運旺盛，有蓬勃士氣的一顆星。

特質：

太陽主權貴。因此太陽居旺時，可掌父權、夫權、子權。也可掌有一切對男性社會團體中的領導地位與主控權。

太陽亦主事業、地位、技術與一切能源的東西。我們可以發現在太陽居旺時，『貴人運』會得到更好的發揮，並有積極和成果良好的發動力。當太陽居陷時，『貴人運』的發動力較差。你可能只是被動的在等待機會。

太陽居旺時，你的貴人是男性。你與男性的關係也較好。此時你命盤中的太陰星也多半是居旺位的（日月在未宮例外）。因此女性對你也有輔助的力量。

當太陽居陷時，你有自我畏縮的表現，就像太陽躲在烏雲後面一樣，你害怕被人拒絕，也害怕受到打壓，因此喜歡躲在人後觀望別人的熱鬧場面。凡事都退縮的結果，當然好運不容易掉在你的頭上。太陽居陷時，太陰星也多半是居陷的（日月在丑宮除外）。這是日月反背的現象。此時你不但失去了男性貴人，就連女性貴人也無法靠近了。並且你的財運也有不順的現象。

所產生的效益：

太陽星在我們一生的運程裡，影響人生的亮麗面，與好運的多寡，因此也是影響非常鉅大的。因為太陽居旺時，太陰星也會居旺位，在事業與金錢上比較會帶來順利的發展，財富也較多。日月反背時，運氣受制、停滯、財運不佳、奮鬥力量不足，人生的運程不順，不能繼續向高處發展。

在『陽梁昌祿』格這個主貴的格局中，太陽星也是佔有舉足輕重的地位。倘若這個格局失去了太陽星便不成格局。太陽星居陷時，這個格局的層次會下降，而且人生中逢『太陽運』時會有運氣晦暗的感覺。不過呢！『陽梁昌祿』格中太陽居旺時，當然會一帆風順。而太陽居陷時，只是不利官運、貴人運罷了，對於考試運的影響較小，只要好好努力，還是會有好的成績，因此我們可以說『陽梁昌祿』格是一個利於讀書的運格，而太陽居陷時只是徒增辛勞而已。

如何利用『太陽星』來造運

當我們白日看到太陽的時候，都知道它是絢麗多彩、光芒四射的，看不到太陽的時候，不是陰天多雲，便是黑夜了。太陽星在我們人生的運程裡也是一樣。當你命盤中的太陽星是在寅、卯、辰、巳、午、未宮居旺位時，你是開朗、寬宏、不愛計較的人。你所有的開心日子也多一點。當你命盤中的太陽星是在申、酉、戌、亥、子、丑宮時，太陽是從日落西山，漸漸沈落在地平線之下。在太陽陷落時，你的心情沈悶、鬱結，有事也不願意講。雖然你的性格依然寬宏，但有時像個受氣包一樣，處處隱忍、退讓，但卻不甘心如此。可是能源的發動力不夠，又無法衝破現實的重重天羅地網，於是鬱結的心情更嚴重。

當你的太陽星是居旺的，當然你很清楚自己在『太陽運』裡是愉快的、順利的，並且喜歡和男性朋友、上司、長輩、同僚、下屬多接近，也喜歡和有陽剛之氣或有陰柔之氣的女性多接近。這些人也感染到你的快樂、開朗、寬宏、正義感，而對你欽佩，受你吸引，也會頻頻對你貢獻出自己的長處。因此太陽星的『貴人運』簡直就像兩磁極的吸引力一般，鉅大而密不可分了。

倘若你命盤中的太陽星是陷落的，這種吸引力雖然較小，但也不是絕然沒有，這其中的關係只是因為你本身的磁性感應較差，而無法放出相等的電量，與外界相互溝通、交流所致。既然如此，你又無法改變自己。因此我建議太陽居陷的朋友們，多利用太陽落陷的流年、流月裡多讀書、多充實自己，多去學一門自己專長的技術，以備旺運時，更可大刀闊斧的大展雄才。千萬別忘了你的『陽梁昌祿』格中的考試、讀書運還能給你在來年、來月帶來更大的『貴人運』喲！

再則，命盤中有『太陽居陷』的朋友，尤其在太陽居陷的年份，應多外出，曬曬太陽、接收太陽磁場感應，這樣也能使你對外的溝通較好，人際關係較順暢，機會較多，好運、貴人運也會增強。

太陰星

很多人不認為太陰星是貴人星，但是我們從小受到母親的慈愛照顧，母親可算是我們的貴人。命宮中有太陰星的男人，例如太陰坐命、同陰坐命、機陰坐命的人，多半會因女性的幫助而成功。因此太陰星在很多人的命格中也算是一顆『貴人星』了。

特質：

太陰星是母星，又是妻宿。主宰田宅、又主財，化氣曰富。太陰就是月亮，為太陽反射的光芒，因此有陰柔的一面。太陰有多情善感、外柔內剛、性急好動的特性。當太陰在酉、戌、亥、子等宮為廟旺之鄉時，女性很容易成為你的貴人。不但與你有情有義，且給你帶來財利大豐收。在事業上是一種緩慢漸進，前途大好的趨勢。太陰在卯、辰、巳、午、未宮為失輝，居陷落之位。若你的命盤中、太陰星在此位的人，會多愁善感、優柔寡斷、性急好動依舊，在性格上放不開，常為小事鬧彆扭、愛計較，是個難纏的傢伙。

別人都怕了你，不但連女性的貴人都沒有，就連男性的貴人也敬而遠之了。因此在走『太陰居陷』的運程時，也就是在太陰居陷的流年、流月裡，凡是有此命局的人，都要小心，注意自己的態度問題，若能隱藏起你自身性格上的缺點，『貴人運』還是會很順利的。

所產生的效益：

太陰星在我們一生中的運程裡，不但影響和女性的好運關係，也影響我們一生的財運。沒有人會想財運不好的吧？所以我們要小心侍候這個『太陰運』的日子。

運逢『太陰運』時也容易落入情網、談戀愛。因為每個人在行運到太陰所主的年份、月份裡，都會產生敏感、精神緊張，有一點神經兮兮。同時也有溫柔多情的一面。在這個『太陰運』的年份、月份裡，你的情緒彷佛潮汐受到月亮圓缺的影響一般，是起伏不定、潮起潮落的狀況的。

當『太陰運』在旺位的候，你此時的性格溫柔體貼、善解人意、多情款款，凡事喜歡用感覺和情愫來處理事物，常常會做一些在情不在理的事情，比較意氣用事，也比較因情護短，這是不夠理智的時刻。但你的運氣很好，在感情的付出和收獲方面還堪稱平衡，使你心情愉快。做事也順利了許多。

錢財也順利的擁有和積蓄。

當『太陰運』在陷位的時候，你急躁的心情常掩蓋住了你的溫柔。太陰陷落時，人天生的敏銳性較差，有時你感覺不出問題的所在，有一時茫然的情況，茫然也使你憂心。憂心的結果也常造成理智性不足，容易衝動、說話與做事都欠思考，而引起紛爭。尤其是與女性的紛爭更鉅，也因此讓你感覺運氣不好。感情付出得不順利，做事有置肘，當然錢財也無法順利進帳了。

如何使『太陰星』的貴人運飆起來

要利用『太陰星』來造運，當然以太陰星居旺時最好用。太陰居旺時，你具有與女性關係和諧親密，最佳人緣、最佳愛情運、最佳財運的三種籌碼，要得到女性貴人的幫助是易如反掌的事。

你可以選擇流年、流月、流日行經『太陰運』時的日子，在你周遭的女性長輩（包括母親在內）、姐妹、女性朋友、女性部屬之中尋找適合幫助你目前需要的人。運氣會很不錯。

不過你必須明瞭的是：『太陰運』是一個柔和、漸進、保守的運程，利於發展愛情、找工作、增進與女性的人際關係。但是在金錢運上是保守的、暗藏式的。如果你要找女貴人借錢，或是想得到女貴人之助幫你賺錢，這個金錢的數字是恰恰好充裕的數字，是不會太大的。而且借錢的時間最好在晚上或是私下談話、背地裡好言好語的去借。不可在大白天、大庭廣眾之間去談借錢的事。因為太陰主陰柔，以在夜間最旺的關係。

若是『太陰運』程是居陷的，你最好靜待下一年或下個月份，和下一日再做打算。若是一定要用這個『太陰陷落』的運程，只有太陰在卯宮，對宮有天同星的人，外出到外面的環境去尋找貴人，還有一點希望，但是財利也甚少。而『太陰在巳宮』、『太陰在辰宮』的人，因外在的環境運氣也不佳。因此這個『太陰運』最好別用。

紫微星

紫微星是屬於環境和事件上『貴人運』的星曜。

特質：

紫微星在流年、流月、流日的『紫微運』裡扮演著福星福將的角色。紫微星在命盤中無論入那一個宮位，那一個宮位就會尊貴。無論入那一個年支，那一個年支便很吉祥。紫微星雖有解厄呈祥的特質，但有羊、陀、火、鈴來沖，也會減少『貴人運』的優質特性。尤其是紫微與羊、陀同宮時，在流年、流月裡，『貴人運』直接受到傷害。或是會遇到地位高，但品性惡劣奸險的貴人。最後因『貴人運』而帶來傷災、破耗、是非麻煩。

紫微與祿存同宮時，流年、流月逢到，雖然能帶來財利。但是因為羊陀相夾的關係，『貴人運』並不特別好。因此要注意的是此時的貴人可能就只有你自己做自己的貴人了。別人幫不上忙，也許只是更欺侮壓榨你而已，要多小心留意這個『貴人運』！

所產生的效益：

紫微星在我們一生的運程裡，多半是正面的影響。只要沒有前述與羊陀同宮或相夾、相照的狀況，一切都是美滿祥和的局面。運逢『紫微運』時，你的態度穩重、氣派、人緣較好，能得到他人的敬重。利用『紫微運』來參加考試、進陞官職、創造事業、開拓人際關係、整理財務都是不錯的運氣。

但是你必須注意的是：紫微本身是主貴、不主財的。因此在進財方面只是祥和順暢、富足而已。是一種隱藏的財，能夠積蓄財富。對於好大喜功、拼命想獲取意外財富的人，『紫微運』會讓你失望的。

如何利用『紫微星』來造運

要利用『紫微星』來造運，是非常容易的事情，而且每一個人都辦得到。紫微星從無陷落之分。紫微星就是我們俗稱的北斗星，只有在『子』宮時居平位，在『辰』、『戌』宮時為得地合格之位。在其他的時間與宮位裡都是在廟位與旺位的地方。雖然紫微在『子』宮居平，仍是有祥和致勝的力量的，我就曾看過有人利用這個『紫微在子』的運程參加高考得中的事實。因此利用『紫微運』來增加一切的好運與『貴人運』，都是極其輕鬆而能成功獲得的。

天機星

天機星也是屬於環境和事件上『貴人運』的星曜。

特質：

天機星有變動的特質，浮動性很大。天機也有聰明、機巧的特性。當天機居旺時，在流年、流月的『天機運』裡，你會因聰明機巧、靈機一動，而改變現實的環境，也會因這種改變使自己的境界和所處理的事情變得比原先要好很多的局面。天機居旺，若與天馬同宮的『天機運』裡，會因外出他鄉而得到好運，也會遇到極佳的『貴人運』。

但是天機居平陷之地時，會愈變情況愈不佳，會每況愈下。因此在『天機居平陷』的運程裡，最好靜守不動，否則情況無法控制。可是往往人在弱運時，不是具有悲觀的想法，要不然就是想拉抬運氣，變換環境，因此在居陷的『天機運』裡，你好像還真躲不過命運的捉弄似的，而將自己愈變愈陷入運氣的谷底了。天機居平陷時，常有自恃聰明，但又思慮不夠周詳的問題存在。實際上，天機星在居平、落陷時，真正不夠聰明，而且幻想又多，行動又快，又不計後果，又喜歡鑽牛角尖。這些種種的特質，實在是容易受人討厭和排斥的。要想在此時尋找『貴人運』又那裡可能呢？

所產生的效益：

天機星在我們一生中的運程裡，常帶來無數的變化。也是因為這些變化，使我們的人生產生趣味性，也帶來哀嘆。

在所有的命盤格局中，有『紫微在子』、『紫微在寅』、『紫微在午』、『紫微在申』四個格局型式的『天機運』是居平陷之位的。但是最糟糕的只有命盤格局型式是『紫微在子』格式的人。因為其天機星的對宮之主星太陰星也是陷落的。不但在事物與環境中的『貴人運』沒有機運了。就連女性的『貴人運』（包括母親、姐妹）也失去了，怎不叫人遺憾呢？此外像『紫微在寅』、『紫微在申』命盤格式中，至少天機星對宮的天梁是居廟位的，也就是說只要到外面去，就有『貴人』相助。因此外面的『貴人運』很強。而『紫微在午』命盤格式的人，天機星的對宮太陰星是居廟的。雖然運氣不佳，但至少有女性貴人運可助運。因此算凶中帶吉了。

『天機運』在旺位時，也是會有許多情況產生的。例如天機與巨門在子、午宮相照時，會因外面環境的是非紛擾，讓你的運氣像坐雲霄飛車一般忽上忽下的，但最終的狀況是不錯的，這是塞翁失馬、焉知非福的一種狀況，在事物與環境中的貴人運還不錯。

『天機運』在卯宮或酉宮與巨門星同宮時，我們稱為『機巨運』。此時的天機居旺、巨門居廟地。這個運程只適合讀書做學問、參加考試或做教職，有好成績。但做其他的事情『貴人運』並不好，而且是非口舌糾纏的厲害。『機巨運』就是要競爭。是非、麻煩嚴重時，用吵架、用強烈爭執的手段都會贏，這是一個強勢競爭，用口才、聰明、才智得利的運程。若是不吵、不爭、懦弱怕事，就會失去轉機了。

『天機運』在寅、申宮與太陰同宮時，我們稱為『機陰運』。這是一個變化詭異的運程。『機陰運』在寅宮時，會因太陰居旺關係，而產生環境上的變化而帶來財利。這個『機陰運』會因愈忙碌愈奔波，又遇到女性的貴人，而帶來極佳的『貴人運』。『機陰運』在申宮時，太陰居平陷之位。奔波勞碌得厲害，但是機運卻愈變愈不好。『貴人運』愈變愈差。財運也差。

如何利用『天機星』來造運

利用『天機星』來造運，當然要選『天機運』居旺時較佳。

天機星在子宮或午宮時，你可以利用良好的口才，或稍許的是非口舌來抬高自己的知名度，製造一些事件來形成自己的轉機。這是一種自助式的『貴人運』方法。

天機星在丑、未宮時，你要到外面去尋找『貴人運』，不可待在家中，否則問題更多。要不然就躲起來，躲過這個愈變愈壞的『天機運』吧！

天機星在寅、申宮時。在寅宮，你可東奔西跑的在忙碌中找到女性的『貴人運』，幫你生財得利。在申宮時，你會白忙一場，還是等下一個運程再去找『貴人運』吧！

天機星在辰、戌宮時，因和天梁同宮，機運雖並不是很好，但是你很聰明、有智謀，很容易在身旁找到『貴人運』。

天機星在巳宮時，到外面去找女性的『貴人運』會有大收穫，尤其是助你生財的『貴人運』最佳。天機在亥宮時，最好找個地方躲過這個『天機運』，否則做事、感情、財運皆不順，真是傷感情的事。不過下一個運程就是『紫微運』了，可以好整以暇的等待吧！

貪狼星

貪狼星一向都有好運星之稱。在『貴人運』裡有突發的趨勢。

特質：

貪狼星的特質特別多。為桃花星、人緣特佳、油滑不得罪人。多才多藝、慾望多而強烈，好動、驛馬重、愛爭、奔馳不停。因此我們很容易發現到，人在行運至『貪狼運』時都有喜歡交際、急慾尋求『貴人』幫助自己，而且對名位、權力、財利的慾望有強烈爭取的現象。

流年、流月在走『貪狼運』時，你會採取攀強附勢的手段，到處交際尋找『貴人運』。這樣說也許有些人不肯承認，但是在『貪狼運』裡，你確實有想迅速成就一些事情，而讓自己達成願望的想法。

所產生的效益：

『貪狼運』在我們一生中，也是最具影響力的一顆星。因為在我們人生運程中，在我們命盤格局裡更存在著一個神秘的、鼎足而立的三角形格局。那就是『殺、破、狼』的格局。每當行運到這個『殺、破、狼』格局中的任何一顆星時，人生就會產生變動。而貪狼星正是這個格局中的一員，這在後面的章節中會專門來談這個『殺、破、狼』格局。

貪狼星遇到武曲，形成『武貪格』。遇火星形成『火貪格』。遇鈴星形成『鈴貪格』。這些都是暴發運的運格。我們當然覺得這些都是好運道。但是貪狼單星行運時也會有好運嗎？這個答案也是肯定的。

貪狼在子宮或午宮時，會因對宮紫微的影響，外界帶來吉祥的環境，再加上人緣交際的成果而產生好運道『貴人運』。

貪狼在寅宮或申宮時，對宮是廉貞星，會因多重的謀略計劃、為自己製造好運道及『貴人運』。

貪狼在卯、酉宮時，會因桃花運重重，無論是在男人、女人的團體中，都能得到兩性的寵愛，找到很好的『貴人運』。

貪狼在辰、戌宮時，是暴發運的格式，這其中『貴人運』的力量當然也最強。很多暴發運也多半是貴人助運造成的。

貪狼在巳、亥宮時，此時是『貪狼運』裡最糟的一刻。因為貪狼與廉貞同居陷落的位置。機運不佳、才智差、人緣亦差，如此的境況，要到那裡去找『貴人運』呢？因此只有靜待下一個運程較佳。

如何利用『貪狼星』來造運

貪狼星在居旺時，本身因為有人緣、才藝和慾望很多、機緣很豐富等等的企圖心，本身就具有極強的造運推動力量。因此易於與貴人接近，貴人也喜歡幫助此等人。貪狼與武曲、火、鈴同宮時，暴發運幾乎是貴人一手造成的。這種好運機會是千載難逢的。當你在走這些暴發運程時，『貴人運』根本就是從天而降的神仙一般，用雙手捧著你，將你舉向雲霄。但暴發運中的『貴人運』時間極為短暫，因此你要做好準備，否則貴人撒手時，從高處跌下會摔得七零八落的，這也是暴發運中暴起暴落的特質了。

己年生的人，其『武貪格』裡，不但有化祿，還有化權。貪狼化權的威力實則在一切的『貴人運』、『暴發運』之上，真是所向無敵的好運。

『貪狼運』最怕與羊、陀同宮，這是會傷害影響『貴人運』與『暴發運』的。有火星、鈴星與貪狼同宮時，暴發運增強，但是在『貴人運』方面沒有太多的助益。貪狼運亦怕與化忌同宮，貪狼化忌的運程裡會有美中不足的事，身體上的傷災和與因暴發好運而帶來的是非糾葛，令人頭痛。

文昌、文曲星

文昌、文曲屬於時系星，也具有時系星的特性，在我們人生運程中屬於臨時貴人的『貴人運』。

特質：

文昌星主功名科甲、學識文藝、名譽、聰敏、精明、計算能力。它是文魁之星，有文貴。它亦是『陽梁昌祿』格中頂重要的一顆星，缺了它便不能成格局。文昌在巳、酉、丑宮為入廟，是真正『陽梁昌祿』格最尊貴的格局。在你的命格中若有此格局，則可確定你會是個擁有高學歷、有主貴前程的人了。生活的層次也在文化層次的上層。

文曲星為文華星，是文雅風騷之宿。所主的是異途功名，很多演藝人員所具有的音樂、舞蹈、口才、特技都是由文曲星的作用而來。文曲在巳、酉、丑為入廟，在寅、午、戌為陷落。文曲星雖然在特殊的技能行業、才藝上擁有臨時的『貴人運』。但是它是不入任何格局的。因此它是單星作用的『貴人運』。你必須在藝術方面、口才方面、舌辯方面、虛華事物方面才會遇到它。文曲在『寅、午、戌』宮居平陷之位時，此等『臨時貴人運』也碰不到了。更有可能因口才、舌辯、才藝的能力缺乏而遭是非災禍。

所產生的效益：

文昌星在『陽梁昌祿』格中所產生的效益是挺大的。因此文昌居旺在這個格局中就成為必要。沒有高的智商，做學問的能力，精明處事的方法，就是有再多的貴人來幫忙，有再多的好運來相助，阿斗還是扶不起來的。因此文昌必須居旺。落陷的文昌星，構不成好的『陽梁昌祿』格。同時其人也不喜歡讀書，也不喜歡文藝方面的事物。

文曲星的『貴人運』層次沒有文昌星高，只是屬於通俗性、遊藝性、佔便宜性的『貴人運』。因為文曲星所帶有的人緣桃花，重色桃花，口舌銳利討喜，又擁有藝術方面的技能，很能在人際關係中游韌有餘，找到自己的『貴人運』。這種『貴人運』是臨時發生出現的，是一種臨場感的歡樂場面。因為是臨時貴人，這個『貴人運』可以持續的時間便不長，有時是一個月、有時是一天，更可能只有幾個小時，因此當你擁有經由才藝表演而得到貴人提拔時，可要快速抓住這個機會，要不然它便很快的就溜走了。

如何利用『文昌、文曲』來造運

利用文昌星來造運，當然最好的就是要有『陽梁昌祿』格。而且每一顆運星都在旺位上。再加上文昌也居旺的話，有廣博的學識、儒雅的舉止、平步青雲的運程，步步高陞，一路走來輕鬆自在，貴不可當。

但是若文昌在居陷的位置，或是沒有『陽梁昌祿』格的人怎麼辦呢？這時會有幾種狀況產生：

❶若『陽梁昌祿』格中的文昌星居陷的話，當然在你命格格局中是沒有那麼文雅儒秀的了，計算能力與精明度也不夠好，也就是讀書的能力稍差一些，倘若太陽、天梁其中之一居旺，但是你依然有稍許的『貴人運』。你就必須選擇在這其中居旺的星曜行運年度中尋找『貴人運』最會成功。在陷落的星曜行運年度中尋找『貴人運』會較辛苦，而沒有把握。競爭力較差，或參加考試成為不確定的結果，但是這一切仍要靠你的加倍努力，或可改善的。

❷若是你沒有『陽梁昌祿』格，而文昌星居旺在流年、流月行運逢到時，在此年、此月中你是精明剔透的人，也很有文藝傾向的愛好，對學習新事物很感興趣。在某些文化性高的場合會碰到你的『貴人運』。但是因為是臨時貴人，因此時間很短暫，你必須要把握時機才行。

❸沒有『陽梁昌祿』格，而文昌星又陷落的人。通常你很忙碌生活上的瑣碎事物，很少看書，你可能是一個坐不住，也不喜歡待在家中的人，因此你從不會對讓你讀書的『貴人運』感興趣，你只想找幫你發財的『貴人運』。但是因為文昌居陷，精明力不夠，因此你並不能明瞭那些人才是你的貴人。

利用文曲星來造運時，也必須是文曲居旺才有效果。而且也要選擇場所和機會。例如演講會、辯論會、才藝表演的場所、演藝事業的舞台、音樂、舞蹈比賽等地的場所，或是舞會、交際酒會、展覽會場、熱鬧的地方（如喜宴、球場、賽馬會）等等，在這些地方，多去展現你的才藝、口才，很容易找到你的『貴人運』。但是也要注意這個『臨時貴人運』有稍縱即逝的問題，必須立即把握才會有效。

化權星

化權星是一個力量很強，能發自內在能量，使你自身產生極大控制外在環境、事物的一種力量。化權星之為『貴人星』產生『貴人運』完全是自主性的『貴人運』。也就是說內在的力量，使你自己成為自己的貴人。

特質：

化權星有固執、有權威、可高高在上，受人敬畏的特性。化權也有自視過高、剛烈、霸道、有時不講理、喜奪權佔位的本質。每一個人命盤裡都有化權星。化權星會隨主星而性情有變，或者是更加強了主星的特質。主星居旺時，化權星能增其光輝。主星陷落時，化權更增其成為負面的影響，例如太過固執、不講理、懦弱等性情。主星為煞星時，化煞為權，更增其勇猛開拓的精神。例如破軍化權即是。

所產生的效益：

化權星在『貴人運』上的效益非常鉅大而且強而有力。尤其是在紫微化權時能影響周遭的環境及人、事、物，都達成一種能迎合自己需求的狀況。這是對自己最有力的『貴人運』。

◎紫微化權在主貴的力量方面最強，凡是升官、考試、增名氣、地位都有無與倫比的超級能量。在金錢上的『貴人運』方面稍弱，亦可增順利富足。

◎太陽化權在居旺的位置時，這些人大多有『陽梁昌祿』格。而且會使這個格局的層次更增高，走官途或做公司、機關的負責人，基本上必定是一個掌權的工作。當流年、流月走到『太陽化權』運程時，會自然而然的鞏固地位，坐上負責人、領導階級的位置。就好像黃袍加身一般的成為工作環境或生活環境中的領導者及帝王的角色。

◎武曲化權與貪狼化權時，最好在暴發運裡的『暴發格』中，也就是在『武貪格』中，這樣不但使暴發運快速而有力的暴發，所增的財富與權勢地位，也會因暴發帶來最大的『貴人運』。武曲化權或貪狼化權最忌諱居陷、或在四方三合地帶有化忌來沖，這是非常不利的，不但失去『貴人運』，且會因本身的太自負而給自己帶來災禍。

武曲化權最顯著的例子就是：陳水扁總統在辰年走官祿宮的武曲化權運程時，具有極強的暴發運程，選舉勝利，不但形成政黨輪替，同時也為自己創造了極大的富貴。

◎此外破軍化權的『貴人運』，會因幫助自己敢做別人不敢做的事，而成就大事業。天梁化權的『貴人運』最強，尤其是居旺位時，能使周遭的人，臣服於你的理論，對你信服，因此你適合做政治、宗教的領導者。你將相信自己就是神，而別人理當信服你。這種思想在天梁化權的運程中當然還可順利運行，但走到太陰化忌的運程時，麻煩就會來了。

◎天機化權居旺時，『貴人運』常因環境或事物上產生巨變而出現，而你也很會運用一些變化的機會去製造『貴人運』。

天機居陷化權時，會因變化時產生固執的想法而每況愈下。

◎太陰居旺化權時，『貴人運』會在女人群與金錢堆中出現。你很會用一些柔軟的辦法，去在女性多或較陰柔的地方，或財運較佳的場所去製造『貴人運』，來使自己富裕並掌權。

太陰居陷化權時，會因自己的敏銳力不足，或堅持待在錢少的地方或財運不佳的地方，而碰不到『貴人運』。

◎天同化權居旺時，『貴人運』是自己送上門來的，會有人自動向你提出資助計劃、全力支持你。天同居平化權時，在遊樂的場所對你有利，『貴人運』也許會在你享樂之時出現，但所幫助的能力不強。

◎巨門居旺化權時，你可以在是非混亂中，表現極佳的口才，找到你的『

貴人運』。而且是愈亂愈好，是非愈烈愈容易找到『貴人』。巨門居陷化權時，你會因固執、嚕囌、挑剔、疑心病重的毛病使是非麻煩愈演愈烈、終究一發不可收拾。『貴人運』只成為一個幻想了。

如何利用『化權星』來造運

利用『化權星』來造運，首先的條件當然要以主星居旺。其次還要以主星的特性來分析它是屬於那一種的『貴人運』？

例如『紫微化權』、『太陽化權』、『天梁化權』是屬於主貴的『貴人運』，要達到『增貴目的』可利用這幾個『貴人運』比較有效。而『破軍化權』、『天機化權』是對環境、事物的產生變化的『貴人運』，因此用在改變環境與改變事情變化的結果與目的上較為有效。而『武曲化權』、『貪狼化權』在暴發機運和財富方面較為有效。而『太陰化權』和『天同化權』比較溫和，用在人際關係和增加財富方面比較有效。『巨門化權』用在政治方面、用言語控制別人、說服別人，或增加自己的地位、權位方面較為有效。

分析出這些『貴人運』的特質後，再在特定的環境與範圍中尋找屬性相同的『貴人運』，利用這個化權所在的流年、流月去設定目標，並執行計劃，化權星所給你帶來的運氣會讓你驚訝的瞠目結舌！

化祿星

化祿星一般都是指帶來財祿的好運星。化祿星也有人緣潤滑流動的特性，在『貴人運』裡是一級棒的超級明星。

特質：

化祿星的特質很多，有財利的特質，有人緣桃花的特質，有能幹、油滑、愛享受的特質。化祿星也有比較勢利的一面，為利是圖、喜歡閃躲凶厄，對於破財不吉之事，有不願負責任的行為。因此化祿星的『貴人運』只會在吉星、吉運時展現。煞星和變化大的運程時，化祿的『貴人運』是無法發揮太大作用的。例如廉貞化祿、破軍化祿、天機化祿的『貴人運』都不算是很強，也不是很純善的『貴人運』。

所產生的效益：

『化祿運』在我們的人生中的運程裡，所產生的影響多半是正面多過負面的影響。化祿有錢財與人緣上雙重的『貴人運』。化祿也會因所跟隨的主星不同，而有不同性格與利害有別的『貴人運』。例如天同化祿、太陰化祿、天梁化祿是實際與『人』產生關係密切的『貴人運』。其中天同化祿是一種自然享福，別人會自動送給他的好運和『貴人運』。太陰化祿是與女性和錢財結緣的『貴人運』。天梁化祿雖然在人緣的經營上很不錯，但實際裡，內在有一些問題存在，而且所帶的財利也不多。為什麼呢？主要是因為天梁化祿本身有一些因私心、私慾給自己帶來了一些牽制和麻煩。在『天梁化祿運』裡，你很可能會因一些意外的小財富或是意外的好處，給自己帶來問題是非，成為自己心理和精神上的負擔。因此『天梁化祿』在『貴人運』中是有些麻煩負擔的問題的，並不全如我們想像中的好處多多。

其中只有武曲化祿、貪狼化祿、巨門化祿是真正帶來財利又帶人緣桃花的『貴人運』。但這些星曜也必須是在旺位，才算合格。否則像武曲化祿和七殺同宮時，武曲財星居平，在這個『武殺化祿』的運程中，依然是做得很辛苦，固然能得到一些錢財和稍許的人緣益處，但它和武曲在辰、戌旺宮走化祿運程時，其『貴人運』還相差一大截，真是有天壤之別呢！

其他如『天機化祿』與『太陽化祿』，這是運星化祿的模式。『天機化祿』主在變化中得到一些運氣。但天機必須居旺，才會有這種好運氣。天機居平、居陷化祿時，會因化祿帶來煩惱或更增加不順。

『太陽化祿』是一種錦上添花的格式。太陽是光芒四射、主貴的一顆主貴便可帶來財利，是一種貴財，根本不需要化祿。太陽是一顆好運星，本身運氣即非常高昂，『貴人運』就非常之強了，有了化祿之後，對『貴運』的增長已達到極限，因此比較看不出來有多大的益處。倒是『太陽居陷化祿』的人，可以在人緣關係上，或是在男性團體中的表現能力上有所展現，對『貴人運』是有實際幫助的形式。

『廉貞化祿』在酒色財氣方面與桃花事件上有『貴人運』，屬於享受類型的『貴人運』。在正經事情上的『貴人運』不大。對財運上的『貴人運』也不強。它會使人有愛好古董、蒐集藝術品和收藏品的癖好。或是有精神上的享受，如愛好音樂、繪畫、文藝創作等。也可能會轉向好色貪淫的怪癖。

『破軍化祿』在做事努力打拼上有一點『貴人運』。但是破軍化祿是有破耗、衝動、血光的危險性的。我們只可以說它是行動上的『貴人運』。對錢財與人際關係上想要獲得的『貴人運』是極少的。而且它是先做投資，有一點損失，才能執行行動的『貴人運』。

如何利用『化祿星』來造運

要利用『化祿星』來造運，因為化祿是財星，所以最好是利用『財星化祿』較為有力。例如武曲化祿、太陰化祿等等。而且財星居旺時，此時的『貴人運』可達到最高效力的效果。

其次運星居旺化祿時，也是最好利用的時機。如在流年、流月中有『貪狼化祿』時，不但會有一些偏財運、人緣上的『貴人運』。在考試、升官方面，也能得到極佳的『貴人運』。

在流年、流月中有『天機居旺化祿』時，你可以製造一些環境上和事件上的變動，例如換工作、搬家等狀況，則會有『貴人』出現，形成『貴人運』。可是你若製造了一堆是非，而想混水摸魚，這類事件上的變動雖然最終仍可解決，但『貴人運』是並不一定會如你所願的會出現喲！

當流年、流月中有『太陽化祿』出現時，你多半是有『陽梁昌祿』格的人，而你正走在這個『陽梁昌祿』格的旺運裡。不論你的太陽星是在旺位或陷位，你都會有考試上、讀書上的『貴人運』的。因此你可好好把握這個好運。此外太陽居旺時，比居陷位的人，多了升官、掌權、增加更多財富的機會，因此『太陽居旺化祿』的人，在『貴人運』上是一級棒的超強運勢的人。當『巨門化祿』出現在流年、流月中時，你會靠口才到處發掘『貴人運』。而這個『貴人運』也很容易被你說服而出現。有時候這個『貴人運』是在是非混亂中而浮出枱面，被你找到的，情況很特殊。但是在『巨門陷落化祿』時，『貴人運』不強，也沒有助益。

當運程行經『天梁居旺化祿』的運程時，『貴人運』是十分強而有力的。這個『貴人運』有自私、喜歡自肥、又愛護短的特性。因此逢此運時，要小心周遭人的反彈情緒，否則在下一個運程來到時，會自嚐惡果，給自己帶來更多的痛苦。當『天梁陷落化祿』時，貴人運不強，也許你根本感覺不到有『貴人運』。而且你也不太會去尋找或接近『貴人運』。

當流年與流月行運逢到『天同化祿運』時，你會有很好的『貴人運』，而且天同居旺時，『貴人運』處處都在，無論考試、升官、做生意賺錢，都是別人自動送上門來，或是長輩叫你去考試、去升官的，或是有人找你給你生意做，讓你賺錢的。如此渾然天成的『貴人運』只有丙年生的人會碰到，真是太好運了。可是『天同居平化祿』的人，可能只會在遊樂方面去找『貴人運』，而並不喜歡做正經事業，實為可惜！

當流年、流月中運逢『破軍化祿』的人，破軍居旺最好。你可以利用『破軍化祿』的運程去開創事業，在衝刺努力中會有『貴人』相助，這是必須去開發、尋找的一種『貴人運』，它不會自己從天而降，必須付出行動後才會產生。破軍居陷化祿時，破耗多過財利，情況不好。

當流年、流月行運到『廉貞化祿』的運程裡時，廉貞是一顆必須積極企劃，縝密性思考的一顆星。但是『廉貞化祿』的『貴人運』都必須是在聲色場所、藝術性、精神享受類型的地方去尋找才會有的『貴人運』。因此這類的『貴人運』對於你在升官上、享樂上也許有些幫助，但在賺錢上是沒有什麼助益的。

化科星

化科星一般在『貴人運』中不算是很強的一顆星。

特質：

化科只是對個人自身內在學問修養、性格上的氣質、聰明智慧的提昇、辦事能力的增強有較好的發展。因此『化科』這個『貴人星』應該屬於自助型的貴人星吧！

所產生的效益：

化科星在『貴人運』中所產生的效益不如化權、化祿來的強，但它依然有自己的力量存在。在事務上的『貴人運』中有包括紫微化科、文昌化科、右弼化科、左輔化科等等。

在考試、升官上的『貴人運』中文昌化科、天梁化科。這兩種『貴人運』實際也是『陽梁昌祿』格的主要『貴人運』。是一種主貴格局的『貴人運』。此外紫微化科對於考試方面也會有『貴人運』的助力。

在環境變動上的『貴人運』，首推『天機化科』。但它仍比不上『天機化權』、『天機化祿』來的有力實在。『太陰化科』和『武曲化科』雖然是『財星化科』，但在財運上的『貴人運』並不強，而且會顯得有些不倫不類。因為『太陰化科』只會對其本人在氣質上，做事方面產生柔和的影響。而『武曲化科』在文藝方面、錢財方面，也不是能有『貴人運』就可產生極大發展的景況。因此這種『貴人運』實則是太牽強而沒有實際效力可言的『貴人運』。

『文曲化科』的『貴人運』要發展在口才、才藝方面較好，但其『貴人運』只是比文曲單星時好一點罷了！

如何利用『化科星』來造運

要利用『化科星』來造運，其效力實在不強，而且化科星的功力主要是在文科方面。因此只會在遇考試、計算、升官、做文藝活動時，在有『化科運』的流年、流月中，才會展現『貴人運』。而『紫微化科』、『文昌居旺化科』、『天機居旺化科』、『天梁居旺化科』、『文曲居旺化科』是這些『貴人運』中的姣姣者。可以好好的把握應用。

此外『武曲居旺化科』、『太陰居旺化科』可以在文藝的環境中賺到一些錢。但財運不算很強。至於『左輔化科』及『右弼化科』，在交友方面和工作能力方面會有超強一點『貴人運』。

第二章

如何讓『金錢運』飆起來

正財是蓄養我們生命的錢財，偏財是出生時間上所造成好運星切合角度良好時，所產生突發機會的財運。

第二章　如何讓『金錢運』飆起來

在我們要談『如何讓金錢運飆起來』時，不得不先從金錢運所產生的型態開始講起。

每一個人賺錢的方式都不一樣，每一個人的『金錢運』的運氣也都不一樣。有時候別人正在賺錢發財的時候，你的『金錢運』都沒有發動、鼓舞，徒然令人焦急嘆息。而當你的『金錢運』好的時候，你也早已忘卻了以前為錢煩惱、為錢痛苦的情景了。

『金錢運』分為兩種：一種是正財的財運。一種是偏財的財運。舉凡付出勞力、辛苦所得，必須每日孜孜不倦、長期努力打拼在同一個事業上所得的財，我們稱之為正財。而『偏財運』是命中有特殊的格局，例如有『武貪格』、『火貪格』、『鈴貪格』的人，他們會在某些特定的年份、月份、日子、時間裡發生或遇到一些特殊好運，多得錢財的機會，我們稱之為『偏財運』。

正財是每一個人都具有的財運。有正財的財運，我們才能有足夠的本錢蓄養自己的生命。

偏財是某些人在出生時間上，和本命命盤格局中具有的好運星，形成良好角度時，所產生的附加財運機會。

命格中只擁有正財的人，會性格穩重、堅持、生命力強、做事循規蹈矩、比較會儲蓄錢財，因為錢財是由漸進積蓄而成的，反而會積存、保留得較久。而命格中有『偏財運』的人，在性格上較為衝動、剛直、火爆。在人緣或處事的方法上不夠圓融。並且不太願意相信別人，對自己有強烈的自信心，做事是斬釘截鐵型的人。在錢財上雖有很好的機運，但財富是大起大落型的。因為知道自己有偏財運，因此看輕儲蓄的功能，以為千金散盡還復來。所以可以說有『偏財運』的人，在金錢的運用上是有瑕疵的。儲存財富也有些困難度的。

命格中有偏財運的人，只有真正瞭解自己的命運程式，並且努力鞏固正財的獲得，財庫不破，再加上幾年一次『偏財運』和暴發衝擊，才能成為大富豪。

第一節　正財的財富如何獲得並讓其飆起來

正財的財富如何獲得

在我們人生的運程裡，其實從人生的格局中，就可一目了然的知道，我們命裡的正財財富在那裡？是如何獲得的了。

例如從前章所談到的『陽梁昌祿』格和『機月同梁』格，不但是代表我們人生運程行走的方向。其實也確實代表你賺錢的方式。這種賺錢方式就是你正財之所依歸。

命格中有『陽梁昌祿』格的人，學歷會較高、會從事專業性、較高層次、技術性的工作。工作環境中的文化氣息也比較重。你賺錢的方式比較會站在有主導能力的工作崗位上面。你會經由讀書，擁有較高學歷或經過考試的方式進入你的工作。你們可成為管理階級的人員。你們也會自己開公司或發展自己的事業，成為老闆階級的人。

命格中同時具有『陽梁昌祿』格與『機月同梁』格兩種雙重格局的人，比較會經由考試進階成為政府的高級公務員，此種格局是真正具有官格之貴的格局，例如李登輝總統與陳履安先生皆是具有這種雙重格局的人。

命格中有『陽梁昌祿』格與『機月同梁』格與『武貪格』三種格局的共有者，一定會成為大企業的領導者，會自己做生意、開拓事業，也可以再由成功的商人轉而進入公職中的官職一途。例如陳水扁先生原來是律師，後來投入政治，參加選舉，投入公職，成為總統。

命格中有『陽梁昌祿』格與『武貪格』雙重格局的人，會自己發展自己的企業王國，成為公司負責人、老闆階級。例如台積電公司的老闆張忠謀先生等人。

命格中只有『機月同梁』格的人，多半是『紫微在丑』、『紫微在未』命盤格式的人，你們一生可能只是個薪水階級的人，或是小公務員或是勞工階級的朋友們，或是早出晚歸的小生意人。

命格中有『機月同梁』格與『武貪格』（包括火貪、鈴貪等暴發格）的人，你們有機會在事業上闖一闖，但格局仍不大，有可能做中等型態的生意，但常暴起暴落，最後一蹶不振。也有可能在某些時段在公職上有所發展，但人生運程起伏很大，往上衝很無力。但『命、財、官』中有『權、祿、科』的人，仍有大發展，例如林瑞圖先生，可做到立委等職。

命盤格局中既然已對人生運程裡所能得到的金錢運有所歸依。看人生的金錢運還要看『命、財、官』三方吉、煞的組合。吉星多的人，金錢運較佳。煞星多的人，金錢運亦不順。縱然是『陽梁昌祿』格、『機月同梁』格、『武貪格』暴發運全都擁有的人，在『命、財、官』三方有煞星駐守相照的人，人生成就會打折扣，就連金錢運也會不如前所預估的理想。因此我們一生所能到的財富早已清楚的呈現在我們個人的專屬命盤上了。

如何利用『行運方式』讓財運飆起來

我們在此處所稱的『行運方式』就是在大運、流年、流月中所逢到之運程。通常在我們財運最狂飆，也就是最感覺富裕的時候，首推大運年限、流年年限、流月年限皆是行運有財星居旺的宮位的時候。例如在天府、武曲、太陰居旺的年份裡，是最容易讓財運飆漲的時候。

七殺也是財星，是一個必須辛苦的努力、付出勞力去賺取的財。七殺星在旺位時，也能夠經由打拼使財運旺盛，賺到很多的錢財。祿星（祿存與化祿）當逢的運裡，也是主財運的最佳時機。

其次是在運星居旺時，也會有很好的財運機會。例如太陽居旺、貪狼居旺時，會有很多的好運發生，其中當然也包括了金錢運。

下面就是十二個命盤格式中能讓『金錢運』飆起來的行運圖表與解說。

1. **『紫微在子』**命盤格式中，金錢運能飆漲的年份有子年、辰年、午年、申年、戌年。其中寅年有破軍當位，雖有奮發打拼的精神，但有破耗，兩相抵消，金錢運不算好。

①紫微在子

太陰 巳	貪狼 財 午	天同 巨門 未	武曲 天相 財 申
廉貞 天府 財 辰			太陽 天梁 酉
卯			七殺 財 戌
破軍 寅	丑	紫微 財 子	天機 亥

2.

『紫微在丑』命盤格式中，金錢運能飆漲的年份有：丑年、卯年、未年。

此命盤格式坐命的人，賺錢的方式都比別人份外辛苦，所得的財也比別的命盤格式的人為少，主要是財星都不在旺地。就連天府庫星也只在『得地』之位，剛好合格之故。並且在丑年紫破運中，仍有表面風光，內裡實質破耗較多的情形。

②紫微在丑

廉貞 貪狼 巳	巨門 午	天相 財 未	天同 天梁 申
太陰 辰			武曲 七殺 酉
天府 財 卯			太陽 戌
寅	紫微 破軍 財 丑	天機 子	亥

3. 『**紫微在寅**』命盤格式中，金錢運能飆漲的年份有：寅年、辰年、午年、申年、戌年。此命盤格式的人全都有『武貪格』暴發運，在後面一節談『偏財運』的章節中還會再談到它。

③紫微在寅

巨門 巳	廉貞 天相 (財) 午	天梁 未	七殺 (財) 申
貪狼 (財) 辰			天同 酉
太陰 卯			武曲 (財) 戌
紫微 天府 (財) 寅	天機 丑	破軍 子	太陽 亥

4.

「**紫微在卯**」命盤格式中，金錢運能飆漲的年份有：丑年、寅年、卯年、巳年、午年、未年。午年因得貴人之助升官、升等而得財，可稱做貴人財。卯年走紫貪運，只能說平順而已，財不算多，因流年財帛宮是武破，所得的財少的緣故，廉殺運是辛苦的賺錢，財也不算多。

④紫微在卯

天相 財 巳	天梁 財 午	廉貞 七殺 財 未	申
巨門 辰			酉
紫微 貪狼 財 卯			天同 戌
天機 太陰 財 寅	天府 財 丑	太陽 子	武曲 破軍 亥

5.

『紫微在辰』命盤格式中，金錢運能飆漲的年份有：子年、丑年、寅年、辰年、午年、申年。此命盤格局中，若破軍有化權、天同有化祿或化權，則戊年及亥年亦是金錢運可有飆漲機會的年份。其中寅年的財因貪狼居平，機會不算太好，其實錢財並不很多。

⑤紫微在辰

天梁 巳	七殺 (財) 午	未	廉貞 (財) 申
紫微 天相 (財) 辰			酉
天機 巨門 卯			破軍 戌
貪狼 (財) 寅	太陽 太陰 (財) 丑	武曲 天府 (財) 子	天同 亥

6. 『紫微在巳』命盤格式中，金錢運能飆漲的年份有：子年、丑年、卯年、巳年、未年、亥年。此命盤格式中，未年是因對宮『武貪格』相照的關係，也會有偏財運發生，因此可形成財運飆漲之格。卯年是天相陷落的年份，因對宮廉破的影響，財福不全，故有錢財上的困頓。

⑥紫微在巳

紫微 七殺 (財) 巳	午	(財) 未	申
天機 天梁 辰			廉貞 破軍 酉
天相 卯			戌
太陽 巨門 寅	武曲 貪狼 (財) 丑	天同 太陰 (財) 子	天府 (財) 亥

7.

『紫微在午』命盤格式中，金錢運能飆漲的年份有：子年、寅年、辰年、午年、戌年、亥年。此格式中卯年『陽梁運』雖不主財，但會因為名聲或考試、進陞等級而得財，故亦是旺財之運。

⑦紫微在午

天機 巳	紫微 (財) 午	未	破軍 申
七殺 (財) 辰			酉
太陽 天梁 (財) 卯			廉貞 天府 (財) 戌
武曲 天相 (財) 寅	天同 巨門 丑	貪狼 (財) 子	太陰 (財) 亥

8.

『紫微在未』命盤格式中，金錢運能飆漲的年份有：丑年、辰年、未年、酉年、戌年。此命盤格式中，子、午、寅三宮位內，巨門、天機、天梁都在旺位，如有化祿、化權來同宮，亦可能為旺財的年份。

⑧紫微在未

巳	天機 午	紫微 破軍 ㊖ 未	申
太陽 ㊖ 辰			天府 ㊖ 酉
武曲 七殺 卯			太陰 ㊖ 戌
天同 天梁 寅	天相 ㊖ 丑	巨門 子	廉貞 貪狼 亥

9.

『紫微在申』命盤格式中，金錢運能飆漲的年份有：子年、丑年、寅年、辰年、巳年、申年、酉年、戌年。此命盤格式中如午宮的破軍有化權、亥宮的巨門有化祿、化權，亦可能成為旺財的年份。此命盤格式的人，都有『武貪格』偏財運，在辰年、戌年會暴發。但子年的廉相運，丑年的天梁運的財運只算平順而已，並不會太大。

⑨紫微在申

太陽 財 巳	破軍 午	天機 未	紫微 天府 財 申
武曲 財 辰			太陰 財 酉
天同 卯			貪狼 財 戌
七殺 財 寅	天梁 財 丑	廉貞 天相 財 子	巨門 亥

10.

『紫微在酉』命盤格式中，金錢運能飆漲的年份有：丑年、午年、未年、酉年、亥年。丑年的『廉殺運』，是埋頭苦幹，異常辛苦的金錢運。所賺的雖不算多，但亦有財。紫貪運中，也只是平順，財運不會太多。

⑩紫微在酉

武曲 破軍 巳	太陽 (財) 午	天府 (財) 未	天機 太陰 申
天同 辰			紫微 貪狼 (財) 酉
卯			巨門 戌
寅	廉貞 七殺 (財) 丑	天梁 子	天相 (財) 亥

11.

『紫微在戌』命盤格式中，能使金錢運會飆漲的年份有：子年、寅年、午年、申年、戌年。午年的『武府運』中，若有羊陀同宮，財運會削弱。此命盤格式中，天同運和機巨運，也可因穩定的工作和學術研究而財運穩定富足安詳。

⑪紫微在戌

天同 巳	武曲 天府 (財) 午	太陽 太陰 未	貪狼 (財) 申
破軍 辰			天機 巨門 酉
卯			紫微 天相 (財) 戌
廉貞 (財) 寅	丑	七殺 (財) 子	天梁 亥

12

『紫微在亥』命盤格式中，能使金錢運可飆漲的年份有：丑年、巳年、未年、亥年。此命盤格式中，因丑年得對宮『武貪格』相照，亦能發生偏財運，故亦為旺財年份。酉年天相陷落運，因對宮廉破的影響，財運比較差，財福不順。

⑫紫微在亥

天府 財 巳	天同 太陰 午	武曲 貪狼 財 未	太陽 巨門 申
辰			天相 酉
廉貞 破軍 卯			天機 天梁 戌
寅	財 丑	子	紫微 七殺 財 亥

注意：

在上述的命盤格式中，雖然我們已標明了財運大好可飆漲的宮位與年份，但是在這些宮位中若有擎羊、陀羅或化忌出現時，也會造成金錢運不順利的現象，這是必須注意的事。此外火星、鈴星除了與貪狼同宮或相照時會有偏財運外，它們與財星同宮時也會有金錢運不順的現象。此種財星與煞星同宮的現象我們稱之為『刑財』或『因財被劫』。

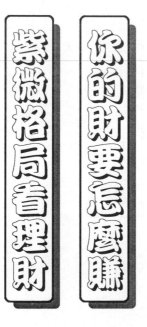

第二節　『偏財運』如何讓其飆起來

世界上有『偏財運』的人非常多，佔總人口的百分之三十五。也就是說每三個人中就有一個人會有『偏財運』。那你會不會就是那個好運的人呢？趕快來研究一下你的命盤格局吧！找出這好運的格局及算出爆發的年份，好好的應驗一下，豈不大快人心？

最主要的『偏財運』格局有三種

一、是『武貪格』。二、是『火貪格』。三、『鈴貪格』。

這三種『偏財運』格，也稱做『暴發格』。其暴發的威力都很強。但是暴發的型式上略有不同。

其中以『武貪格』不但能暴發錢財，亦能在事業上暴發。此格常在軍警武職人員的身上最易見到。此外生意人最喜暴發。因此有許多大老闆的命格中也多有『武貪格』的出現。因此我們可以說『武貪格』中亦有能主貴的成份。軍警職的人得之能有成為高階將領的機會。生意人得之再加上『陽梁昌祿』格，成為大企業的總裁、領導者不成問題。例如蔣宋美齡女士就是武貪坐命而擁有折射的『陽梁昌祿』格及『武貪格』的人。

至於『火貪格』、『鈴貪格』多半暴發在錢財方面，而沒有主貴的力道。我們常可看見平民百姓中彩券得大獎的人，多是靠擁有『火貪格』、『鈴貪格』來形成的『偏財運』。因此從命理的角度來認定的話，『火貪格』與『鈴貪格』的層次是比不上『武貪格』的。

下面是十二個命盤格式中可能出現的『偏財運』格

（此處可參考第一章有關『貴人運』格局的章節中，生年、生時可促成『火貪格』、『鈴貪格』的敘述）

1. **『紫微在子』**命盤格中，在子宮或午宮有火星、鈴星時，會成為『火貪格』、『鈴貪格』，有極大的偏財運，在子年、午年可暴發錢財。所爆發的財富很大，在數百萬元至千萬元之間。

2. **『紫微在丑』**命盤格式中，在巳宮或亥宮有火星、鈴星出現時，可形成『火廉貪』格、『鈴廉貪』格，因廉貪俱陷落，火鈴在巳宮居得地之位，在亥宮居平陷，因此暴發偏財運的力道不強，在巳宮或許還有幾十萬元的暴發能力，在亥宮時也許不暴發或只有數千元、數萬元之資的威力。

3. **『紫微在寅』**命盤格式中，在辰宮及戌宮有武曲和貪狼星形成『武貪格』暴發運。倘若辰、戌宮再有火星、鈴星介入時，再形成『火貪格』、『鈴貪格』，會有雙倍的偏財運。但火、鈴也會對武曲財星形成『因財被劫』的形式，其人會因得到很強的暴發機會或很強的偏財運，外表看起來很榮耀光輝，自已卻享受不到暴發運的樂趣，其人的脾氣會很怪，或身體不佳。因此『武貪格』是不需要火、鈴等煞星再來幫忙的。

4. **『紫微在卯』**命盤格式中，在卯宮或酉宮有火星、鈴星進入時，會形成『紫火貪』格、『紫鈴貪』格，會有很大的偏財運機會。其中火、鈴在酉宮時居『得地』之位，在卯宮居平陷之位。因此火、鈴在酉宮與紫貪同宮或相照的人，偏財運暴發的財富稍多。

5. **『紫微在辰』**命盤格式中，在寅宮或申宮有火星、鈴星進入時，會形成『火貪格』、『鈴貪格』。在寅年及申年會有偏財運。其中因火、鈴二星在寅宮居廟，在申宮居陷。因此有火鈴二星在寅宮者偏財運較強勢。

6. **『紫微在巳』**命盤格式中，在丑宮有武貪雙星。因此在丑年與未年都會有暴發運及偏財運。此因未宮為丑宮對照之宮位，故亦能得對照之功。當丑宮或未宮有火星、鈴星進入時，會有雙重的『偏財運』、『暴發運』。但因火、鈴與武曲財星相互作用，形成『因財被劫』的格式，其人會個性怪異、慳吝，雖然暴發，但本人並不太能享受財富或事業上之暴發運，或有身體上的問題及傷災、車禍等。

7. **『紫微在午』**命盤格式中，在子宮或午宮有火星或鈴星進入時，會形成『紫火貪』、『紫鈴貪』格。可以暴發偏財運，而其中因火鈴在子宮為陷落。在午宮為居廟，因此火鈴在午宮時所得到的錢財較多，在子宮時所得的錢財較少。

8. **『紫微在未』**命盤格式中，在巳宮或亥宮有火、鈴進入時，會形成『火廉貪』、『鈴廉貪』格。因廉貪在巳、亥宮俱陷落，而火、鈴二星在巳宮居『得地』之位，在亥宮居平，故其偏財運勢不旺。而以火、鈴在巳宮稍好而已。其暴發的財富也不多。

9. **『紫微在申』**命盤格式中，在辰宮及戌宮即有武曲、貪狼形成之『武貪格』暴發運，能在事業上及金錢上暴發很大的權勢地位與財富。是超強的暴發運與偏財運格式。若再有火星、鈴星進入辰、戌宮時，會形成雙重的暴發運。但火、鈴與武曲財星有剋，會『刑財』或『因財被劫』，會在暴發後，因某種原因，其人本身並不能好好享受到偏財運或暴發運的益處。

10. **『紫微在酉』**命盤格式中，在卯宮或酉宮有火星、鈴星進入時，會形成『紫火貪』、『紫鈴貪』格，可以擁有偏財運。但貪狼在卯、酉宮居平。火、鈴在卯宮居平，在酉宮居得地之位。因此此格式中以『酉』宮的偏財運機會稍旺。

11. **『紫微在戌』**命盤格式中，在寅宮或申宮有火星、鈴星進入時，能擁有偏財運。因火星、鈴星在寅宮居廟，在申宮居陷。故在火、鈴在寅宮時偏財運較強勢，可擁有較多的發財數目。

12 **『紫微在亥』**命盤格式中，在未宮有武貪雙星即形成『武貪格』。因此在未年及丑年（與未宮相照）有暴發運及偏財運的機會。若再有火星及鈴星在丑宮或未宮出現，會形成雙重的暴發運，但也因為火、鈴與武曲財星相剋，受『刑財』或『因財被劫』的影響，其人在暴發後享受財富上並不順利。

『偏財運』格局若有下列情形者，亦會成爲不完美的格局

1. 在『武貪格』的宮位中有擎羊、陀羅出現時，為破格。會有暴發運不發或發得較小之情況。
2. 在偏財運格中若有化忌星出現時，會因暴發運帶來災禍。尤其是貪狼化忌時，會有暴發後有血光、官非、失運、喪命之災。有武曲化忌，因暴發所獲得的大量錢財，遭人覬覦而引災，最後也會有金錢糾紛出現的狀況。有廉貞化忌時，會因暴發運帶來官非、血光之災。
3. 不論是『武貪格』、『火貪格』、『鈴貪格』，凡所有的暴發運格都會有暴起暴落的現象。因此在預知暴發運、偏財運時，也要先把將暴落的年份、月份預先算出來，預作計劃，在暴發偏財運之後，將錢財移往他人名下，以避暴落之災，當可存留財富。

第三章

如何讓『事業運』飆起來

『無鬼不能成造化，無煞安能身有權』。
鬼、煞在人生中的『殺、破、狼』格局中
能扮演使事業一蹴而成功的角色。

紫微星曜專論

此書為法雲居士重要著作之一，主要論述紫微斗數中的科學觀點，在大宇宙中，天文科學中的星和紫微斗數中的星曜實則只是中西名稱不一樣，全數皆為真實存在的事實。

在紫微命理中的星曜，各自代表不同的意義，在不同的宮位也有不同的意義，旺弱不同也有不同的意義。在此書中讀者可從法雲居士清晰的規劃與解釋中對每一顆紫微斗數中的星曜有清楚確切的瞭解，因此而能對命理有更深一層的認識和判斷。

此書為法雲居士教授紫微斗數之講義資料，更可為誓願學習紫微命理者之最佳教科書。

第三章　如何讓『事業運』飆起來

在我們人生裡，常愛談運氣的旺弱、人生的富貴、錢財的多寡，其實歸根究底談的就是『事業運』。

事業在大多數人的人生中是一輩子的經歷，也是眾多人的人生目標。『事業運』在人生歷程裡有一定的軌跡。這個軌跡在每一個人的紫微命盤中是可以一目了然的。

前面所談過的『陽梁昌祿』格、『機月同梁』格、『武貪格』、『火貪格』、『鈴貪格』都是『事業運』的軌跡。但是在人生中還有一個重要的起伏動律，便是『殺、破、狼』格局的形成。這個在命盤中三角鼎立形成的格局中，更直接影響到前面所談的『陽梁昌祿』、『機月同梁』……等格局，成為波浪型震動的起伏。有時這些波浪型較小，於是此類具有『陽梁昌祿』格的人便是一生順利，擁有高官厚祿或主掌了大事業、大環境。有時波浪震動的較大，那你所擁有的『陽梁昌祿』等格便形成了不很順利的局面，在應該升官、有考運及奮發向上的年、月機會中，受到某些挫折或影響。這些挫折或順利增強的因素，完全是要看你行運於『殺、破、狼』格局中之哪一個運程而定。並且此運是否當旺也是最主要的原因。

我們知道『事業運』能成功最主要的原因是：個人本身的意志力和奮鬥力。意志力是堅持努力、承受挫折、強烈的持續耐力。奮鬥力是打拼、承受身體與精神上的困難，並能激起身體與精神成為亢奮的狀態，持續對你所注意的事業抱有強烈興趣的一種力量。

在每個人的人生中，最能主導意志力和奮鬥力的就是『殺、破、狼』格局中的『七殺運』、『破軍運』和『貪狼運』，這三個運程了。

也因此在人生中，這三個運程也最能使人在這些運程的年份中發生對自己一生最重大的變化。當然！在這些運程居旺時，變化是正面的、好的、有向上發展的機運。在這些運程居平陷時，變化是負面的、差的、有停滯或墜落的跡象。

『殺、破、狼』格局中的每一顆星都具有凶悍、彪凜的特質，幾乎也可以說每一顆星都是殺星、煞星、凶星。端看你如何利用它。利用得當，事業成功一蹴而成。利用不當，只是憑增勞碌，空忙一場。也會因為殺星帶有某些破耗的特質，而產生凶災。

在人生命局裡，凶煞之星並不是全然是惡鬼無用的。也不是全然只會造成災禍降臨的惡事的。命理學中最能一語道破這些『煞星有用』的名句就是：

無鬼不能成造化
無煞安能身有權

在『命、財、官』三宮位出現的擎羊、陀羅、火星、鈴星即是鬼。而在『命、財、官』出現的殺、破、狼，即是『化煞為權』最有力的助力。

鬼爲什麼會讓人有造化呢？

造化就是成就的意思。在命宮中有擎羊、陀羅星的人，有剛強、絕斷的意志力，為人愛計較得失。這種個性在有些方面是不好的，屬於陰險狡詐的性格。我們稱之為『鬼』。在有些方面是好的。例如利於做不講情面的工作，如外科醫生、法官、監獄執行工作。因為這種人屬於命強、命硬的命格。就算是做墓地、喪葬業、陰間的鬼神都要讓他三分。因此我們可以從很多從事陰事的工作人員的命盤中證實此事。命宮中有火星、鈴星的人，性情急躁，說到立即便去做，實行能力很強，但不持久。可是不管命中有羊陀或火鈴的人，都絕對是個實踐能力很強，有強硬態度要達成目標的藍波型人物。此類型的人物怎會不成功呢？

財帛宮和官祿宮有擎羊、陀羅的人，雖然會有不順，金錢運和事業運常有外來因素的爭鬥、阻撓和戕害，屢有波折。但在金錢和事業上同樣具有愛爭，好計較的特性，相對的競爭力就比較強。而財帛宮與官祿宮有火星、鈴星的人，多半具有暴發運和偏財運。因此我們也可以得知，暴發運和偏財運多半是暴發在具有特別剛強個性的人身上，很少會暴發在具有『溫吞水』個性人的身上了。

此外，天空、地劫也算是『鬼』星，對於『命、財、官』在子、午、卯、酉桃花地上所產生邪淫桃花不良的影響會有抵制作用，使其人會回復到正面，好的成就方面來。在人生層次裡很可能產生主貴的影響。

就因為這些屬於『鬼』的星曜具有強勢的能量與作風，這也同樣是人生格局能佔上高峰的必然因素。所以『無鬼不能造化』就是要利用煞星的優良性能來改變人生成為高成就、高層次的最佳推動力。

煞星爲什麼會讓人有權呢？

七殺星是最具『化煞為權』代表性的一顆星。煞星即殺星。七殺星是孤剋刑殺之宿，專司權柄，有生殺大權，是戰將之星。亦主成敗之孤辰。在『命、財、官』三方有七殺星之人，必定是早年歷盡艱辛，經過努力困苦，才會有財、有事業的人。

不論你的命宮主星是七殺、破軍亦或是貪狼，而實際上你的『命、財、官』三宮位都是坐在『殺、破、狼』格局上。這是一個動盪不安的格局。也主一生在變化、爭鬥、殺伐中度過，這是指事業上的奮鬥力量而言。

破軍星在數為殺氣，又為耗星。在古代有戰爭發生之年，多為破軍星當值之年。破軍有凶暴、果斷、好爭戰、捕獵的特性。也有狂傲多疑、助惡不助善、六親不認、枉顧仁義的惡質。就因為擁有這些特質，因此在戰鬥時，才容易成功，不會優柔寡斷、為情所困。也因此在爭鬥中奪權是極輕鬆的事。

貪狼星是禍福主，為解厄之神、化氣為桃花殺。這一顆星的凶煞雖不及前二者，但遇火星、鈴星、武曲後，也成為威猛、機謀，暴發能力強大的星曜。貪狼的殺氣在桃花方面。基本上貪狼的強勢作風是佔有慾、變化多端、愛計較、好妬嫉好賭博、貪酒色。整個說起來，貪狼運程在『殺、破、狼』格局中是較為溫和、人緣較好，機運較佳的。

七殺、破軍、貪狼在特質上有許多共通點，例如喜變化、好爭鬥、佔有慾強、好爭權。就是因為對權利的慾望大，並竭力去經營爭取，故有『化煞為權』的能耐。

『殺、破、狼』格局如何對人產生影響

在人生的運程裡，每隔四年便要行經『殺、破、狼』格局中的一個運程，而且每逢這些運程時，人生便會產生重大的變化。

七殺運

每個人在運逢七殺運程時，都會從內心發出積極奮發的力量。並能堅苦卓絕、不叫苦、不退縮、信心飽滿的奮力去執行自己的任務，努力去達成自己的目標。在這個運程裡，你屬於埋頭苦幹的人，並不會太在意旁人的阻撓或冷言冷語。你很能夠披荊斬棘，不論多辛苦，你都會任勞任怨，從不後悔，也義無反顧的向前邁進。當然在『七殺運』裡，你的個性是強悍的，有如威

猛的將軍一般，在競爭的戰爭裡是不講情面的。在攻城略地之時也是勇往直前，從不回頭望一眼的。

在七殺的運程裡（包括紫殺、廉殺、武殺），我們可以看到你外面的世界是一個大財庫（天府）。因此在這個運程裡，經由你威猛勇敢的努力，不論是你所得到的財富，或其他方面的利益都是非常之大的。我們可以看到許多人在走七殺運時，事業上產生重大的變化，更上一層樓，進入另一個高層次的局面。這也是七殺運裡經由奮鬥努力所產生的結果。

七殺只有在巳、亥宮居平陷之位，在其他的宮位都是在旺位。但是七殺星在巳、亥宮時有紫微這顆貴星將之帶往高處。因此縱然是奮發力量不足，也呈現一片吉祥的狀態。故而凡是走七殺運時，在事業運上是根本沒有不吉的。只會因打拼努力讓事業上升至高的境界，產生正面上升的格局。

七殺在卯、酉宮時與武曲同宮，武曲居平、七殺居旺。武殺運在財運上的獲得是極為辛苦異常的。但是利於武職升官，利於開拓市場，在工作運裡較為吉利。

七殺運唯一的一點缺點是，人在走七殺運時，會比較頑固、頭腦較遲鈍，只朝向一個目標邁進。機巧應變的能力較不足，聰明度不夠，所以七殺運的努力，只是在一種勇往直衝、固執愚鈍的狀況下拼命打拼而已。所得的結果是好的有限。並且當時也可能根本看不到成果，要等到以後，經過二、三個月才會看到成果。在流年運程上，也許會經過一、二年才看到好的結果。在時效性上比較長。

破軍運

當人在走破軍運時，內心都會有一種衝動想拼、想改變現狀、想衝出樊籠、想創業、想抓住權力、想打敗別人的慾望。這就是破軍有爭戰本質的影響力。

當人有這些慾望時，相繼而來的，你想要投資。有些是投資時間，有些是投資精力，有些是投資金錢。因為有投資就會產生破耗（此也為一種消耗）。

破軍和七殺的奮鬥所不同的是：七殺是體力的付出，是向外攫取的能力。而破軍則是以自身的利益與外界做『交換』的一種模式。我們從戰爭的模式中就會很容易了解這種狀況。譬如說打仗需要花很多錢去買槍砲彈藥，而戰爭的勝利實則是花費了許多的銀錢才換回的勝利。因此戰爭實則是消耗戰，而破軍的破耗也同樣是如此產生的。

在『破軍運』裡，我們可以奮發努力，但免不了的我們必須投資，但需要選擇好的投資。在破軍居旺位或合格時，是可以先投資再來努力的。可是破軍在巳、亥、卯、酉宮為武破、廉破居陷位時，你是不可來投資的。此時你的努力也必定會泡湯。因此我們可以瞭解到，人在走破軍運程時，並不全然是好的運程，也很可能會讓你墜落或事業失敗，流於破產命運裡。另外在破軍和文昌或文曲同宮的運程，或破軍和文昌或文曲相照的運程時，即是一個窮運運程，也不適合強加打拼。是故我們一定要小心這個『破軍運』。要選擇破軍居旺時才能放開手去開創新機、開疆闢土。但是你在內心也要先有準備，可能回收的利益不是那麼大。也可能會『失之東隅，收入桑榆』。有失此收彼之現象。

貪狼運

通常人在走『貪狼運』時，差不多都算是好運。只有『廉貪運』很差。

在『貪狼運』裡，因是屬於桃花色彩重的運程，桃花運多，相對的人緣便很好。而且也喜歡與人去交際應酬，機會也就變多了。『事業運』在走『

貪狼運』時，很多人都會碰到暴發運。做軍警武職的人，會加官進爵，有突然高陞的機會。做生意的人，也會有突然獲得賺錢、攫取財富的機會。

貪狼屬木，為教化之始，做教育工作的老師或教育官員也能進陞職位。讀書的學子可以利用這個運程在考試求學上一展身手。

紫貪在卯、酉宮時，因卯、酉宮是桃花地，而貪狼又居平，因此事業運在走『紫貪運』時。尤其注重人緣交際的運用。這是一個運氣雖不強，但頗有交際手段的運程，不過你也可以利用這種交際的手法達成升官或發財的目的。

武貪在丑、未宮都是居廟地的，暴發運一級棒，好運有一飛衝天的力道。但是有羊、陀同宮的人，或有化忌星相隨武貪，是為破格。都會傷害武曲財星與貪狼的好運，因此能暴發的力量會減弱或是不發了。

廉貪在巳、亥宮俱陷落，形成人緣不佳、機運也不佳，在智慧營謀方面亦產生很大的問題。因此我們會看到很多人在走這個『廉貪運』時，在事業運上，壞事連連，一籌莫展，對外的人際關係很差，簡直求救無門。這在人生運程中也是一個變化，只不過是很壞的變化罷了！

所以我們可以很清楚的了解到『貪狼運』在人生中的影響，不是大好，就是大壞。幸而好的時候多。只有命盤格式是『紫微在丑』、『紫微在未』的人較不幸，會擁有這個『廉貪運』。

如何利用『殺、破、狼』格局讓『事業運』飆起來

『殺、破、狼』格局本身就是會發生劇烈變化的一個運程，而我們要利用這個運程使事業飆漲，就必須使用這個運程中星曜必須居旺的年運運程，或是有吉星同宮相輔的運程才會有用。

在『破軍運』裡，我們可以佈局，選定奮鬥的目標，製定戰鬥的行程表，投資在必須具備的工具、利器上。我們也可以利用破軍運開疆拓土的特性，先去開拓市場，跑跑業務，把我們所從事的事業打好基礎，做好準備。

在『七殺運』的運程裡，這是一個埋頭苦幹的歲月，你必須要拼命賺取並積蓄你的財富。此時已是前途大好，已能漸漸得到收獲的時候了。

在『貪狼運』裡，現在已是東風已備、萬事皆俱，又有無限好運來到，實在已是天時、地利、人和的佳時佳境。是你確實已能收網、清點戰功的時刻。此時上天賦予的暴發運又來助陣，『事業運』直飆雲霄，不可一世。

很多人在運逢『殺、破、狼』格局時，因產生大變化而害怕，對於所降

臨的好運不知是該喜或是該憂，只有隨著行運的起伏上下而變化，根本不知道利用『殺、破、狼』格局的優點來使人生更上升層次，實在是件很可惜的事。我們在感嘆自己的命格為什麼不如那些成功者的時候，實在應該檢討自己在運用人生有變動格局時，所能掌握機運的能力有多少？是不是真的把握到時機？是不是真的努力到頂點了？而這些問題全都是存在於『殺、破、狼』格局之中。

『殺、破、狼』居平陷之位時，要怎麼辦？

七殺居平時，會和紫微同宮，所以紫殺運還是很好的運程，尤其是在『紫微在巳』、『紫微在亥』兩個命盤格式中，它和武貪運是這兩個命盤格式中最好的運程了。

破軍居平時是武破運。破軍居陷是廉破運。

武破運是『紫微在卯』、『紫微在酉』兩個命盤格式中的運程，它是和廉殺運、紫貪運三足鼎立的。武破運是個窮運，最好能穩住，不要變動。等到紫貪運時，再來變化、衝利。並且要儘量減少花費、破耗。保守一點就能渡過。

廉破運是和紫殺運、武貪運一起在『紫微在巳』、『紫微在亥』兩個命盤中出現，所以廉破運儘管很壞，會破產、破財，但再下一個武貪運你便可暴發錢財了。廉破運是智慧不足、經營企劃能力不好、自我澎脹太大、膽子又大，而導至失敗。通常都是由於自己能力不足，又太貪心而失敗的。所以只要有警戒心，便能平安順利。

貪狼居平時，是單星在寅、申宮，和紫貪這兩種型式。貪狼居平時，好運的力量便不足了。在寅、申宮，對宮有居廟的廉貞，表示爭鬥多，外界的情勢凶悍，自己的好運又很少，不過在這個命盤格式中，七殺和破軍都是居旺的，因此可利用七殺和破軍運來改變機運了。

紫貪運中的貪狼運星雖居平，但有紫微同宮，一切可因人緣的順暢，增加好運機會，因此是『紫微在卯』、『紫微在酉』命盤格式中最好的運程。

所謂的貪狼陷落運，就指的是廉貪運。它和武殺、紫破三足鼎立。它是『紫微在丑』、『紫微在未』兩個命盤格式中最差的運程。是人緣不佳、智力低落、傾向邪佞之事的窮運。它下一個武殺運，仍必須辛苦打拼，再行到紫破運才會有資本來打拼和投資。

紫微算命講義

本書是法雲居士集多年論命之經驗，與對命理之體會所成就的一本書。本書本來是為研習命理的學生所作之講義，現今公開，供給一般對命理有興趣的朋友來應用參考。

本書內容豐富，把紫微星曜在每一個宮位，和所遇到的星曜相結合時所代表的特殊意義，都加以一一說明。星曜在每個位置所代表的吉度，亦有詳細分析，因此本書是迅速進入紫微命理世界的鑰匙。有了這本『紫微算命講義』，你算命的技巧，立刻就擁有深層的功力，是學命者不得不讀的一本書。

第四章

如何讓『朋友運』飆起來

要想擁有好的朋友運，必先修德。性格成熟穩定，智慧圓融，朋友運會蜂湧而至。

第四章　如何讓『朋友運』飆起來

這一章談到『朋友運』了，這和前面所談的貴人、金錢、事業也是相互有關連和影響的一個運氣。前面也談到人生中的幾個格局，如『陽梁昌祿』格、『機月同梁』格……等等。就有朋友問我說：『陽梁昌祿』格裡有『天梁』這顆星！『機月同梁』格裡也同樣有『天梁』這顆星，天梁既然是『貴人星』，是不是擁有這兩個格局的人，便會擁有最好的朋友運了呢？

其實這並不然，我們在十二命盤格式中可以看到，具有『陽梁昌祿』格的人，只有紫府坐命的人、廉府坐命的人和天府坐命『丑』、『未』宮的人，在朋友宮中才會具有這顆居旺的『貴人星』。而『機月同梁』格的人，也只有天府坐命『酉』宮的人，和天府坐命『巳』宮或『亥』宮的人，其朋友宮的『天梁星』在居旺的位置上。也只有這幾種人和朋友或部屬之間能相互照顧，但他們極容易形成小圈圈、搞派系。你一定得是他們認同是自己圈子內的人，才會與你往來用心。你也才能得到他們的幫助和交好。否則你永遠只是個局外人。

在朋友宮裡有『武貪格』的人，朋友運都不算好。例如空宮坐命有陽巨相照的人，你的朋友宮裡有武貪雙星。你的朋友多半是性格剛硬、吝嗇、嫉妬心強，脾氣又壞，常會因嫉妬而惡言相向的人。而且常到處說你的壞話，對你破壞名譽。而巨門坐命『亥』宮的人，你的朋友宮是武曲星。你會擁有比較有錢的朋友，但是這些朋友都是和你有生意或工作上往來的人，做事、說話很重言諾，在私誼上都沒有很深的交情。而太陽坐命『巳』宮或『亥』宮的人，你們的朋友宮裡是貪狼星。你們和朋友及部屬的關係不好，來往之間非常油滑、冷淡，無法相互關心，也不會深交。在你所處的環境裡是非很多，朋友和部屬的問題很難擺平。他們常相互嫉妬、爭執，而拖你下水，讓你受連累而遭災。

在朋友宮裡，正逢『殺、破、狼』格局的人，情況也不妙。

有七殺星在朋友宮的人，會有剛強欺主的朋友運和屬下運。例如日月坐命『丑』、『未』宮的人。

有破軍星在朋友宮的人，則自己命宮裡都有這顆『天梁星』。例如天梁坐命『丑』、『未』、『巳』、『亥』宮的人，朋友宮是破軍。機梁坐命『辰』、『戌』宮的人，朋友宮是廉破。天梁坐命『子』、『午』宮的人，朋友宮是武破。陽梁坐命『卯』、『酉』宮的人，朋友宮也是破軍。同梁坐命『寅』、『申』宮的人，朋友宮是紫破等等。朋友讓你們花費很多。你們也必須付出很大的代價才能交到朋友。因為命宮中有天梁星的人，本身就喜歡搞組織、成立派系，因此要拉攏這些人就必須有好處給別人。可是你們的朋友中，常有各懷鬼胎的人。有些是貪圖利益，有些是牆頭草，你在交朋友的過程裡是非常辛苦的。要得到忠心、誠懇的朋友和部屬是比較困難的。

有貪狼星在朋友宮的人，你常會引起朋友及屬下的嫉妒、憎恨而破壞你的事業、名譽和賺錢機會。你常認人不清，而交上一些和你格格不入的朋友。也常受朋友的拖累，失去錢財或惹上官非。此種現象以天機坐命『子』、『午』宮的人，朋友宮裡是廉貪雙星的人為最甚。

有時候，我們會想到：為什麼這些人會有這麼差的『朋友運』呢？

從客觀的角度來看『朋友運』，這應該是人與人之間的一個互動的關係。你怎麼樣去對待別人，別人就怎麼樣去對待你的一個問題。人常常因為自身性格上的問題，陰晴不定、多疑、嫉妒、暴躁、貪赧、侵略性和獨佔性，而製造了一個也並不利於自己的環境。因此我常覺得，在自己老是抱怨『朋友運』不好的同時，也必須檢討自己是否正是這個在製造不利己環境的人。

某一些常犯『人災』被人倒債或因朋友惹官非的人，常要自我檢討。第一個錯誤是認人不清。第二個錯誤是：你要他的利，他要你的本。相互貪赧所致。第三個錯誤是：自以為比別人聰明，自視過高，重利輕友。

有時候我們也會懷疑：為什麼有人命那麼好，有那麼好的『朋友運』呢？

我們可以看到天同坐命『巳』、『亥』宮的人，朋友宮是紫微、天相。天同本是福星。福星坐命的人，天生有幾分懶惰，因此不愛和人競爭、性格溫和，也不愛和人吵架爭執，反正是吵不過別人，乾脆放棄。既然放棄了競爭力和侵略性，自然對所有的人不產生威脅能力。這樣的人，朋友運怎麼會不好呢？所以天同坐命『巳』、『亥』宮的人，所擁有的朋友，都是地位高、文化水準高、經濟能力一流、性格穩定、態度穩重、做事、做人都特別圓融世故，親和力超強，有成熟表現的人。

因此也可證明，要想擁有好的『朋友運』，必先從自身的修『德』做起。擁有成熟穩定的性格，和圓融的智慧，就會擁有好的『朋友運』。

下面是以十二個命盤格式的人，在每一個流年年支所遇到的『朋友運』。並且指出可使『朋友運』改善及飆運的流年時間

紫微在子命盤格式

子年：『紫微在子』命盤格式的人，子年的朋友宮在巳宮，有太陰居陷入宮，此年『朋友運』不佳，尤其和女性朋友有紛爭，需要小心。而且女性朋友會讓你遭受破財困擾。

①紫微在子

太陰 巳	貪狼 午	天同 巨門 吉 未	武曲 天相 申
廉貞 天府 吉 辰			太陽 天梁 酉
吉 卯			七殺 吉 戌
破軍 寅	丑	紫微 子	天機 吉 亥

丑年：丑年的朋友宮在午宮，有貪狼入宮，此年的『朋友運』不佳，有善妒及背叛的朋友和屬下，會做出拖累你的事情，你必須要小心謹慎！

寅年：寅年的朋友宮在未宮，有同巨入宮，此年的『朋友運』亦不佳，有是非口舌讓你勞碌個不停，你暫時找不到同心同德的朋友和部屬。

卯年：卯年的朋友宮在申宮，有武相入宮，此年的『朋友運』較佳。你會擁有溫和、懂禮貌規矩、性格直爽的朋友或部屬，使你受益良多。

辰年：辰年的朋友宮在酉宮，有陽梁入宮，此年的『朋友運』還不錯，你會擁有性格豪爽、肯吃虧、有大肚量的朋友。但是男性的朋友和屬下對你的態度並不是很熱忱。對你的助益也並不大。

巳年：巳年的朋友宮在戌宮，有七殺入宮，此年你的『朋友運』不佳。可能有凶悍、剛強、會欺侮你的朋友或屬下出現，你應該要小心，並且不要正面與他衝突，否則有血光之災。

午年：午年的朋友宮在亥宮，有天機居陷入宮，此年的『朋友運』不佳。你和朋友、屬下相處有困難。此年也容易有『人災』，會碰到欠債不還、倒債或愛表現小聰明、頻惹是非的朋友，此年最要小心。

未年：未年的朋友宮在子宮，有紫微入宮，此年是『朋友運』極佳的一年，你會和朋友、屬下相處愉快。也會結交到地位、身份很高的朋友，也可能因為朋友的關係而幫你解決了一些金錢和工作上的問題。

申年：申年的朋友宮在丑宮，此年的朋友運逢空宮，有同巨相照，因此『朋友運』並不太好，算是弱運。要小心口舌是非的問題。

酉年：酉年的朋友宮在寅宮，有破軍入宮。此年你會結交一些和你個性不相同、思想不相同的各階層的人。也會因為這些朋友或屬下讓你頻頻破財。

戌年：戌年的朋友宮在卯宮，此年朋友運逢空宮，有陽梁相照。此年的朋友運不強，你會遇到性格開朗、豪爽、說話很阿沙力的朋友和屬下，但對你真正實質上的助益並不大，或者他們只是嘴上逞強，並沒有實際的能耐。

亥年：亥年的朋友宮在辰宮，有廉府入宮，此年你的朋友運極佳，你會參加很多交際應酬的場合去結識朋友。此年你學到了利用交際手腕去靠近和拉攏朋友和部屬，把你從弱運中拯救出來。

紫微在丑 命盤格式

子年：『紫微在丑』命盤格式的人，子年所遇到的朋友宮在巳宮，有廉貪入宮。今年你的朋友運極差，會遇到『人災』，受拖累、倒帳之苦。朋友對你的態度也不好，你需多忍耐、小心。

②紫微在丑

廉貞 貪狼 巳	巨門 午	天相 吉 未	天同 天梁 申
太陰 辰			武曲 七殺 吉 酉
天府 吉 卯			太陽 吉 戌
吉 寅	紫微 破軍 丑	天機 子	亥

丑年：丑年的朋友宮在午宮，有巨門入宮。此年在你的朋友中是非很多、個性奸滑。你也飽受是非口舌之苦。你的朋友們全是口才好、善辯之人。你也必須訓練自己的口才，才能說服他們聽你的。

寅年：寅年的朋友宮在未宮，有天相入宮。今年你的朋友運很好。能找到溫和、勤勞、正直的朋友和屬下，對你有很大的幫助。

卯年：卯年的朋友宮在申宮，有同梁入宮。你此年的朋友運還不錯。但是你會為朋友的事情奔波勞碌。他們是一群愛玩的人，也鼓勵你和他們一起去玩。因此你的收入會減少。

辰年：辰年的朋友宮在酉宮，有武殺同宮。此年你會被朋友、屬下埋怨、憎恨，最後背叛離開，朋友運不佳。

巳年：巳年的朋友宮在戌宮，有太陽陷落入宮。此年的朋友運不佳，且與男性朋友有是非糾紛，會被憎恨及出賣。今年你的人緣很壞，處處被人嫌，做人處事要謹慎！

午年：午年的朋友宮在亥宮，為空宮有廉貪相照。此年的朋友運更為弱運，人緣很差，是非、災禍糾纏不斷，此年最好減少交際應酬。並且在發生是非、災禍時保持冷靜，不要再反覆報復，落入事件輪迴不停的境況，讓自己受災更嚴重。

未年：未年的朋友宮在子宮，有天機居旺入宮。此年的朋友運變好了。天機是兄弟手足之星，你比較能得到類似兄弟姐妹般感情的朋友。而且你常常是在某一個事件發生時，才會結交到這種好朋友。

申年：申年的朋友宮在丑宮，有紫破入宮，此年你會花費很多錢去投資結交比你層次高一些的上等人朋友。也許這些朋友是比較有錢或地位較高的人，但種類複雜，而你是一概來者不拒的姿態。結果是你在交友時浪費了很多時間和金錢，而這些人總是和你有些距離又不真心，也不會幫助你。你只是自以為朋友多、朋友高尚，心裡很爽快而已。

酉年：酉年的朋友宮在寅宮，是空宮有同梁相照。此年的朋友運不旺，但與朋友相處和樂。在某些時候也能得到比你年長一點的朋友的照顧。

戌年：戌年的朋友宮在卯宮，有天府入宮。此年你的朋友運不錯。雖然今年在其他方面上感覺不順，但會得到有財力的朋友的資助，安然度過難關。

亥年：亥年的朋友宮在辰宮，有太陰陷落入宮。此年你的朋友運不佳，尤其是女性朋友、部屬和你有糾紛。因此你千萬不要發展桃花運，否則官非、災禍不斷。你和朋友之間，也會有冷淡、較疏離的感覺。

紫微在寅　命盤格式的人

子年：『紫微在寅』命盤格式的人，子年的朋友宮在巳宮。有巨門入宮，此年你常遇到心術不正，而狡滑陰險，說話不實在的朋友和部屬。你必須好好檢討自己交友的方式和交友的環境，否則這類的朋友會給你帶來災禍。

丑年：丑年的朋友宮在午宮，有廉相入宮。此年你所擁有的朋友是性格保守、穩重，只會做自己份內的事，其他的事不愛管的狀況。因此你要得到他們的額外幫助比較不可能。

寅年：寅年的朋友宮在未宮，有天梁居旺入宮，今年你的運氣是極旺一級棒的狀態。又有熱心忠誠的朋友來相助。若是年長、地位高的朋友會對你幫助更多。此年你也會加入一些團體，或組成一個小規模的好友團來助旺自己的朋友運。

卯年：卯年的朋友宮在申宮，有七殺入宮。此年的朋友運逢到煞星了，你和

③紫微在寅

巨門 吉 巳	廉貞 天相 午	天梁 未	七殺 申
貪狼 吉 辰			天同 吉 酉
太陰 卯			武曲 戌
紫微 天府 吉 寅	天機 吉 丑	破軍 子	太陽 亥

女性朋友處不好，而且在財運上會遇到一些困難，因此某些原本與你友好的朋友，在此時會露出本相，有剛強相欺的情形，你要多忍耐可度過難關。

辰年：辰年的朋友宮在酉宮，有天同入宮，此年你在本身的運程上遇到暴發運格，因此會有無限好運。你會發現朋友都對你很溫和友好，想沾一點你的好運。朋友的數量增多了，但是你很清楚的知道這只是一個表相而已。

巳年：巳年的朋友宮在戌宮，有武曲入宮。此年你的朋友全是在金錢上往來較多的朋友，他們是富裕的，並能給你帶來財運的人。但是他們性格剛直，除了生意以外，你們的私誼並不是那麼好。

午年：午年的朋友宮在亥宮，有太陽陷落入宮。今年你本身的性格會呈現保守的型態，所交的朋友中，你會發現男性朋友比較難相處，並且會產生是非麻煩的問題。

未年：未年的朋友宮在子宮，有破軍入宮。此年你在性格上會寬宏大肚、愛結交朋友，也喜歡照顧人，因此結交了三教九流的朋友，花費在朋友身上的錢財或交際費、金額龐大，但並不見得能有多少收獲。

申年：申年的朋友宮在丑宮，有天機陷落入宮。此年是你很愛打拼、力爭上游，很希望有朋友能相助事業的一年。但是卻發現朋友運很差，不但不幫忙，還引來是非、捲款潛逃等惡事。朋友中多小聰明，愛搞怪之人。因此你與朋友、部屬相處間會產生懷疑、不融洽的局面。

酉年：酉年的朋友宮在寅宮，有紫府入宮。經過前一年『人災』的災變，你總算認清楚了那些是好人，那些是壞朋友。也找到了和朋友的相處之道。因此這一年你會得到品格端正，助你生財的好朋友與部屬。

戌年：戌年的朋友宮在卯宮，有太陰居陷入宮。此年要小心女性朋友和財務問題。今年雖也是你擁有暴發運的一年，但在這個暴發運的前後，你一定會受一些女人的氣，要小心喲！不要人財兩失喲！

亥年：亥年的朋友宮在辰宮，有貪狼入宮。雖然此年的朋友運坐在暴發運上，但是你得不到朋友的支持。很可能會因嫉妒、憎恨而來對你搗蛋。今年你的流年運程在太陽陷落之地，因此你要小心因朋友而起的官非牢獄之災。你和朋友之間也會有冷淡、較疏離的感覺。

紫微在卯 命盤格式的人

子年：『紫微在卯』命盤格式的人，子年的朋友宮在巳宮。有天相入宮，此年你的朋友運很好，會有很多態度穩重、通情達理、會拿捏分寸的朋友來幫助你，使你享受到朋友之義的快樂。

④紫微在卯

天相 吉 巳	天梁 午	廉貞 七殺 未	吉 申
巨門 辰			吉 酉
紫微 貪狼 卯			天同 戌
天機 太陰 寅	天府 吉 丑	太陽 吉 子	武曲 破軍 亥

丑年：丑年的朋友宮在午宮，有天梁居廟入宮。此年你的朋友運坐在『陽梁昌祿』格的旺地。因此你很可能會因朋友的關係而獲得好工作、升級、考試等主貴的佳運。尤其年長於你的朋友對你的幫助更大。你也很願意照顧後進晚輩。

寅年：寅年的朋友宮在未宮，有廉殺入宮。此年你本身的環境裡變化很大，也許會換新環境，因此新到之處會有欺生的現象，朋友運不好，全是些對你不利的人，你必須忍耐或找出與他們相處之道來解決。

卯年：卯年的朋友宮在申宮，為空宮有機陰相照。此年的朋友運亦是弱運，而且時有變化。此年你無法交到好朋友，就連以前的朋友也很少聯絡，此時最好修心養性，不要去招惹桃花運，否則會破耗。

辰年：辰年的朋友宮在酉宮，為空宮有紫貪相照。此年你在性格上喜歡玩耍，又喜歡東惹西惹的去招惹人。桃花運很多、是非也不少。在爭執中你不見得能勝過別人，因此是非爭吵不斷，沒辦法找到志同道合的朋友。

巳年：巳年的朋友宮在戌宮，有天同入宮。此年你的朋友運好一些，終於找到溫和性格，又愛現的朋友了。因此在生活享受上和精神愉快方面，都是相得益彰的狀況。

午年：午年的朋友宮在亥宮，有武破入宮。今年你的流年本運是天梁運。喜歡交朋友，也喜歡搞小團體、小圈圈。因此你所交的朋友全是陰奉陽違、暗中佔你便宜、吞噬你的錢財的人，但並不一定會真正幫助或服從你的領導。你會浪費很多錢財在這些人身上。也必須花費很大的代價才能做成功一件事情。

未年：未年的朋友宮在子宮，有太陽陷落入宮，此年的朋友運狀況不好。與男性朋友有溝通上的困難。也容易造成是非、紛爭或因這些紛爭而引起官非、傷災。

申年：申年的朋友宮在丑宮，有天府入宮。此年你的朋友運進入佳境，人際關係特別圓融，並能得到許多朋友和部屬來為你相助財運。並獲得眾人的擁護、愛戴。

酉年：酉年的朋友宮在寅宮，有機陰入宮。此年你的朋友運有起伏不穩定的狀況。但在生意上往來的朋友或是女性的朋友，會跟你比較密切相合。男性朋友和事件發生時所遇到的朋友，會有變化多端不能把握的困難。

戌年：戌年的朋友宮在卯宮，有紫貪入宮。此年你非常想高攀進入上一等層次的交友環境中，因此喜歡巴結權貴或有錢人。但這些人對你不熟悉，也不認同，因此徒勞無功，無法找到身份地位高的朋友，當然更得不到他們的幫助。

亥年：亥年的朋友宮在辰宮，有巨門居陷入宮。此年因朋友引起的是非很多，而且會交到心術不正、陰險狡詐的朋友，要小心上當。

紫微在辰　命盤格式的人

子年：『紫微在辰』命盤格式的人，子年的朋友宮在巳宮。有天梁陷落入宮。此年沒有貴人運和朋友運。朋友雖然溫和，但在思想上不能溝通，在相處上也有一段距離感，讓你很困擾。

丑年：丑年的朋友宮在午宮，有七殺入宮。此年的朋友運不佳，有凶悍不講理的朋友出現。並要小心他們會盜用侵佔你的錢財，使你招災。此年你要特別注意性格強悍的朋友，與他們保持距離以免招災。

寅年：寅年的朋友宮在未宮，為空宮有日月相照。此年你的朋友運為弱運。朋友與你的關係很不穩定，尤其是男性朋友在溝通上會有困難。

卯年：卯年的朋友宮在申宮，有廉貞居廟入宮。你的朋友全是很會計劃、有智謀的人。你從他們的身上可學習很多做事的技巧。你也會發展出一套攏絡人心的手法，去結交拉攏人心，因此你可以得到有力的朋友和

⑤紫微在辰

天梁 巳	七殺 吉 午	吉 未	廉貞 申
紫微 天相 辰			酉
天機 巨門 吉 卯			破軍 戌
貪狼 寅	太陽 太陰 丑	武曲 天府 子	天同 吉 亥

部屬之助，來幫助你。

辰年：辰年的朋友宮在酉宮，為空宮有機巨相照。此年你所遇到的朋友都是聰明才智高的人。但是他們私下裡很是非，而且對你有表面說一套、暗地裡做一套的手段。陽奉陰違的現象很嚴重。

巳年：巳年的朋友宮在戌宮，有破軍入宮。此年你很喜歡交朋友，但朋友的種類多、層次不齊，而且讓你破財，也無法得到真心的回報。你得花很大的代價去擁有這些並不太真誠的朋友與屬下。

午年：午年的朋友宮在亥宮，有天同居旺入宮。此年你的朋友運一級棒，不但能擁有隨和、穩重、不計較的朋友，並且這類型的好人很多，會自動伸出援手來幫助你的事業，或好心的照顧你。

未年：未年的朋友宮在子宮，有武府入宮。此年你的朋友運極佳。你會擁有財力雄厚的朋友或是才能超絕的部屬幫助你在事業與金錢上大有斬獲。他們是性格剛直、注重言諾，對金錢看重，並且會錙銖必較的人，你必須要提升自己的信用和會計能力才能足以應付。

申年：申年的朋友宮在丑宮，有日月入宮。此年你的朋友運有陰晴不定的現象。你可能會和他們一會兒親密、一會兒鬧氣。而男性的朋友會產生和你溝通不良的狀況。女性朋友會比較和你相合。

酉年：酉年的朋友宮在寅宮，有貪狼入宮。此年的朋友運不佳。會有嫉妒你而出賣你的朋友出現。其他的朋友也暗中和你計較，心懷憎恨，此年要小心！

戌年：戌年的朋友宮在卯宮，有機巨入宮。此年中，你的朋友多半是聰明喜歡搞怪，也喜歡惹是非的人。他們會在很多事情上出現『說一套，做一套』的本領，也會暗中算計你，你必須處處小心才是！

亥年：亥年的朋友宮在辰宮，有紫相入宮。此年的朋友運就極佳了。經過前一年被整冤枉，這一年你就比較會看人了。因此結交的都是地位高尚、性格穩重、做事負責有擔當的人。因此會有許多正派人士給你幫助，成為你的朋友和部屬。

紫微在巳命盤格式的人

子年：『紫微在巳』命盤格式的人，子年的朋友宮在巳宮。有紫殺入宮。此年你所結交的朋友都是地位高，有某些成就的人。但是他們對待你的態度並不好，很冷淡，也與你保持某種距離，對你不會幫助，只會訓誡。並不能達成你對朋友的期待。

丑年：丑年的朋友宮在午宮，為空宮有同陰相照。此年的朋友運為弱運。朋友和你的關係很溫和，但無力，沒法子在實際的情況裡對你提出幫助。女性的朋友也許會對你做一些精神上的鼓勵。

⑥紫微在巳

紫微 七殺 巳	吉 午	吉 未	申
天機 天梁 辰			廉貞 破軍 酉
天相 卯			吉 戌
太陽 巨門 寅	武曲 貪狼 丑	天同 太陰 子	天府 亥

寅年：寅年的朋友宮在未宮，為空宮有武貪相照。此年的朋友運不太好，所遇到的朋友都是剛直強悍，說話不留餘地的人，因此很難找到一個知心者。

卯年：卯年的朋友宮在申宮，為空宮有陽巨相照。此年的朋友運不強，會有些行為懶散，而且是非較多的朋友出現。你要小心口舌是非的問題。

辰年：辰年的朋友宮在酉宮，有廉破入宮。今年的朋友運極差，可能會因行為惡劣的朋友拖累，而有破財或血光之災。有廉破在朋友宮的人，尤其要注意被綁架勒贖的事件發生。

巳年：巳年的朋友宮在戌宮，為空宮有機梁相照。此年的朋友運不強，朋友中都是聰明、智慧高的人。但是他們對你沒有助益。對你幫不上忙。若有羊陀、火、鈴進入朋友宮時，朋友都是奸險狡詐之輩，而且凶悍無比，需要小心。

午年：午年的朋友宮在亥宮，有天府入宮。此年的朋友運極佳，將會有很多的好朋友來幫助你，並給你帶來財富。

未年：未年的朋友宮在子宮，有同陰入宮。此年的朋友運極佳，有溫和、謙恭有禮的朋友來與你交好。尤其女人對你的幫助最為實際，這是一個好運年。

申年：申年的朋友宮在丑宮，有武貪入宮。此年朋友運不佳，朋友運正坐在『武貪格』上，在流月逢到時，當月雖有『偏財運』，但是也會遇到剛強、嫉妒心重，而想破壞你的朋友，需要小心。

酉年：酉年的朋友宮在寅宮，有陽巨入宮。此年你很愛交朋友，因此朋友眾多，他們大都是些愛說話、愛嬉鬧的朋友，看起來很開朗，但是你也常為他們之中相互產生的攻擊、謠言、彼此不和諧和相互破壞而煩惱。是非真的很多。

戌年：戌年的朋友宮在卯宮，有天相陷落入宮。此年的朋友運不佳，你會為朋友的事情忙碌，但是他們都是表面溫和又自私的人，因此相處情況不佳。

亥年：亥年的朋友宮在辰宮，有機梁入宮。此年你會結交到智慧高、私心很重、愛亂講話的朋友，你總是搞不過他們，只有在自己運勢很強的時候，才可能得到他們的幫助。因此莊敬自強便是你此時最該做的事。

紫微在午 命盤格式的人

子年：『紫微在午』命盤格式的人，子年的朋友宮在巳宮。有天機居平入宮。此年的朋友運不佳，常會受到朋友莫名其妙的埋怨或背叛。你需要冷靜的修心養德，等待這個運程過去後，那些從前背叛你的朋友會重新回到你的身邊。

⑦紫微在午

天機 吉 巳	紫微 吉 午	未	破軍 申
七殺 辰			吉 酉
太陽 天梁 卯			廉貞 天府 吉 戌
武曲 天相 寅	天同 巨門 吉 丑	貪狼 子	太陰 亥

丑年：丑年的朋友宮在午宮，有紫微入宮。此年的朋友運大好，前一年誤會

你的朋友們都回頭來向你示好。你在今年又多交了地位高、性情穩重、對你的生活和事業上都極有幫助之人。此年雖然你本身的運氣並不好，但會出現能談心、能幫助你的朋友，帶引你進入佳境。

寅年：寅年的朋友宮在未宮，為空宮有同巨相照。此年的朋友運為弱運。朋友中會出現一些是溫和愛玩的朋友。一些是愛惹是非、喜歡口舌爭辯的朋友，但他們都不會對你形成太大的傷害，只是讓你忙一點而已。

卯年：卯年的朋友宮在申宮，有破軍入宮。此年的朋友多而複雜，你也比較會聽信一些朋友的話而亂花錢，這是必須注意的事。最好還是把朋友歸類，謹慎一點！

辰年：辰年的朋友宮在酉宮，為空宮有陽梁相照。此年的朋友運不強，朋友眾多，但沒有可談心與真誠相待之人。更別談有人會幫助你了。

巳年：巳年的朋友宮在戌宮，有廉府入宮。此年你很樂於經營人際關係，因此交際應酬變多。不過今年的人緣真的很好。雖然今年的流年本運很差，但會得到朋友的援手，使你在心情、壓力與經濟上得到舒緩。

午年：午年的朋友宮在亥宮，有太陰居廟入宮。此年你的流年本運和朋友運都是一極棒的狀況。朋友對你很親密，且帶來極豐厚的財運給你。尤其是女性朋友對你的助益很大，此年千萬別忽略了你的『女性貴人』喲！

未年：未年的朋友宮在子宮，有貪狼入宮。此年的朋友運不佳。因為去年你太一帆風順了，今年就遭人嫉妒，和你發生爭執，或暗中做一些事連累你遭殃。

申年：申年的朋友宮在丑宮，有同巨入宮。此年承續去年的朋友問題，要繼續解決，不過還好的是：雖然是非口舌多一些，麻煩一點，但都可慢慢解決了。

酉年：酉年的朋友宮在寅宮，有武相入宮。此年朋友運轉好，變得不錯了，接近你的朋友雖然性格剛直點兒，但是他們都是說真話，真心對你好的人。也會真心的來幫助你，使你一帆風順。

戌年：戌年的朋友宮在卯宮，有陽梁入宮。此年的朋友運真是太好了！都是一些有上進心、又喜歡幫助別人的人。此年的『貴人運』也極佳。會帶領你進入一個高層次的人生境界。年紀大於你的人對你的幫助尤其大。

亥年：亥年的朋友宮在辰宮，有七殺入宮。此年你必須小心在自己周圍會出現個性強烈剛暴的人，而且要注意朋友和部屬間有盜用你的財產或捲款潛逃之人。此年的朋友運不佳。

紫微在未 命盤格式的人

子年：『紫微在未』命盤格式的人，子年的朋友宮在巳宮，為空宮有廉貪相照。此年的朋友運極差，會出現品德不佳的朋友，會盜用你的財富，或對你做出不義的事情。此年中你與外界的人緣關係也陷至谷底，對人疑神疑鬼，很煩惱。

丑年：丑年的朋友宮在午宮，有天機居廟入宮。此年的朋友運進入佳境，會出現如手足兄弟般感情的朋友。親密的關係讓你很快樂，他會在一些事務發生轉變時機的時候，出手幫助你。

寅年：寅年的朋友宮在未宮，有紫破入

⑧紫微在未

吉 巳	天機 午	紫微 破軍 未	吉 申
太陽 吉 辰			天府 吉 酉
武曲 七殺 卯			太陰 戌
天同 天梁 寅	天相 吉 丑	巨門 子	廉貞 貪狼 吉 亥

宮。此年你很愛四處交流，到處交朋友，而且喜歡結交權貴，拉關係。但是你投資在人際關係上的花費太大，和你所得到的收獲不成正比。

卯年：卯年的朋友宮在申宮，為空宮有同梁相照。此年的朋友運是弱運。以前所交的朋友好像沒什麼人留在身邊，心情會有些落寞。但是你還是會努力看看能不能交到好朋友。

辰年：辰年的朋友宮在酉宮，有天府入宮。此年的朋友運不錯了！你會找到知心的好朋友，讓你在心情上得到舒解。他們也會對你的生活與事業提出很多的幫助。

巳年：巳年的朋友宮在戌宮，有太陰居旺入宮。此年的朋友運不錯，你會有助你生財的朋友，並帶領你進入積財儲蓄的領域。此年女性朋友更會為你帶來極大的利益。她們都是非常好的『女貴人』。

午年：午年的朋友宮在亥宮，有廉貪入宮。此年你的朋友運又進入悲劣的低潮期，會有行為不端的朋友出現，讓你遭災受連累。你的人際關係也陷入不可收拾的局面。因此你必須修心養性以等待這段太衰的朋友運過去。

未年：未年的朋友宮在子宮，有巨門居旺入宮。此年的朋友運仍是是非不斷、問題重重的時刻。但是你可以運用口才去解釋，會發揮功效。但是還是會遇到心術不正又狡滑的人，要小心！

申年：申年的朋友宮在丑宮，有天相入宮。經過前兩年的『人災』，你比較會認清楚交友的規則性。因此今年會有很好的人緣，也會有較好的朋友運。正派的朋友會出現，而且相處和樂。

酉年：酉年的朋友宮在寅宮，有同梁入宮。此年你會得到朋友和部屬的愛戴。你的交友運很好，溫和而有實力的朋友會出現。『貴人運』也會罩著你。年紀稍長於你的人會幫助你，成為你的貴人。

戌年：戌年的朋友宮在卯宮，有武殺入宮。此年你的朋友運不佳。會碰到凶惡的窮朋友或遭到朋友背叛及惡言相向。

亥年：亥年的朋友宮在辰宮，有太陽居旺入宮。此年的朋友運極佳。朋友都是個性場蕩、開朗、熱力四射的人。你也會因為這些好朋友而人際關係大好。

紫微在申 命盤格式的人

子年：『紫微在申』命盤格式的人，子年的朋友宮在巳宮，有太陽入宮。此年你的朋友運非常好。有性格爽朗、坦白、正直的朋友，他們熱力四射，帶給你良好的人際關係，並引導你進入更高層次的生活與事業的境界。真是太好運了。尤其是男性的朋友更能為你製造好運機會。

丑年：丑年的朋友宮在午宮，有破軍入宮。此年你的朋友結交的多而複雜。某些人會帶給你一些利益，某些人則否。而且你在為朋友的事件中花費頗大。

寅年：寅年的朋友宮在未宮，有天機陷落入宮。此年你的朋友運不佳。出現的朋友多半是小人，對你沒有助益，而且會有扯後腿的人出現，你必須自己小心！更有不能和你融洽相處的朋友出現，惹你心情低落。

卯年：卯年的朋友宮在申宮，有紫府入宮。此年的朋友運大好，有身份地位

⑨紫微在申

太陽 巳	破軍 午	天機 未	紫微 天府 吉 申
武曲 吉 辰			太陰 酉
天同 吉 卯			貪狼 吉 戌
七殺 寅	天梁 丑	廉貞 天相 吉 子	巨門 吉 亥

高、財力雄厚，又肯對你援手幫助的朋友出現。不論在朋友或部屬中都會有能幹的相助者為你奮力以赴，今年真是大好的朋友運了！

辰年：辰年的朋友宮在酉宮，有太陰居旺入宮。今年你在流年本運上有『武貪格』偏財運會發財。在人緣關係上也柔和運旺，會有很多好朋友、好部屬圍著你，讓你生活、事業都很順利愉快。女性的朋友和部屬尤其有助益。

巳年：巳年的朋友宮在戌宮，有貪狼入宮。此年你也許因為前幾年一直都很一帆風順而太大意了！而沒有注意到朋友或與部屬間的一些變化。此年會有很多不同意見的朋友、部屬和你發生爭執，而且你會遭到背叛或受到連累等的災禍。要小心！

午年：午年的朋友宮在亥宮，有巨門居旺入宮。此年你要小心一些口是心非、心地狡滑的朋友，並且要利用你良好的口才能力將之擋駕或擊退。此年的是非會很多。但不可退怯、躲避。一定要面對它、解決它，你的日子才會好過。

未年：未年的朋友宮在子宮，有廉相入宮。此年你的朋友運不算太好。他們都是膽小、保守的人，不見得會給你實際的幫助。此年你的流年年運不佳，正走天機陷落運。但也必須忍耐。要知道人都是錦上添花的動物，也只有在你運途大好時，才會來幫你！

申年：申年的朋友宮在丑宮，有天梁居旺入宮。此年你的朋友運極好。此年也是『貴人運』當值之年，會有許多長輩型的貴人給你幫助。此年也是『陽梁昌祿』格的好運年，考試、升官、增名聲都會有貴人相助得利。

酉年：酉年的朋友宮在寅宮，有七殺入宮。此年的朋友運不佳。會有剛強欺主的朋友出現。也要小心周圍會盜取你財物的朋友。

戌年：戌年的朋友宮在卯宮，有天同入宮。此年你的朋友運不錯，全是溫和愛玩的朋友，你也會為朋友的事務忙不停。

亥年：亥年的朋友宮在辰宮，有武曲入宮。此年你的朋友運極佳。他們多半是性格剛直對你有益的朋友。也可能是在工作上、生意上來往較多的朋友，會帶給你很多的財利。

紫微在酉 命盤格式的人

子年：『紫微在酉』命盤格式的人，子年的朋友宮在巳宮，有武破入宮。此年的朋友運極差。朋友全都很窮，而且是些要你以利益交換才會和你友好的人。而且他們對你也並不真心。你常要以龐大的花費才能維持和這些人的人際關係。

丑年：丑年的朋友宮在午宮，有太陽居旺入宮。此年你的朋友運極佳。他們全是些性格開朗、有容人之量，也會推薦你有好職位、好機會的人。此年你的朋友運正坐在『陽梁昌祿』格的旺運上，你的朋友會給你帶來無數的好機會。尤其是男性朋友對你的幫助特別大。

寅年：寅年的朋友宮在未宮，有天府入宮。此年你的朋友運極佳。會擁有很多好朋友、好部屬來幫助你工作，帶給你財利。

卯年：卯年的朋友宮在申宮，有機陰入宮。此年你的朋友運常有變化。朋友

⑩紫微在酉

武曲 破軍 巳	太陽 吉 午	天府 吉 未	天機 太陰 申
天同 辰			紫微 貪狼 酉
卯			巨門 戌
吉 寅	廉貞 七殺 吉 丑	天梁 子	天相 吉 亥

對待你的態度常忽冷忽熱，是非口舌也多一些。尤其女性的朋友常對你有怨言，麻煩尤其多。

辰年：辰年的朋友宮在酉宮，有紫貪入宮。此年你的朋友運不怎麼好？但是你很愛交際應酬、巴結上司或有權勢的人、廣結人緣。你會因為一些桃花運的問題而讓你被陷入一種被背叛、嫉妬、出賣的境地，惹出一些是非。

巳年：巳年的朋友宮在戌宮，有巨門陷落入宮。此年朋友運不佳，是非災禍多。朋友又多是心術不正、奸詐狡滑的人，讓你的困難更增多。

午年：午年的朋友宮在亥宮，有天相入宮。此年朋友運較佳。經過前一年的打擊，你終於認清楚正人君子的相貌。此年所交往的朋友都是較正派忠厚老實、勤奮的人，因此能平安順利的過日子了。

未年：未年的朋友宮在子宮，有天梁入宮。此年是有『貴人運』的旺運年份，因此朋友運極佳。又有『陽梁昌祿』格的影響。所結交的朋友層次會較高，文化水準較好。年紀稍長的朋友是真正對你有助益的人。

申年：申年的朋友宮在丑宮，有廉殺入宮。此年你的朋友運不佳。朋友中較多是性格怪異、剛強、比較難相處的人。他們有自己特別的思路，很難讓你瞭解他們。他們也常背叛你，又再回來，情況堪憂。

酉年：酉年的朋友宮在寅宮，為空宮有機陰相照。此年的朋友運為弱運。你和朋友的關係常有變化。有時候朋友雖多，但不得力，也沒有可談心的對象。尤其是女性朋友更不好相處，讓你嘆息！

戌年：戌年的朋友宮在卯宮，為空宮，有紫貪相照。此年的朋友運亦不佳。會因桃花運的關係讓你和朋友之間產生誤會而遭到背叛、出賣，受連累的狀況。

亥年：亥年的朋友宮在辰宮，有天同居平入宮。此年你的朋友運尚可。朋友們多是溫和愛玩的人。你也會為朋友奔走忙碌，沒法子休息。

紫微在戌 命盤格式的人

子年：『紫微在戌』命盤格式的人，子年的朋友宮在巳宮，有天同入宮。此年你的朋友運極佳。你會有許多世故老練、做事圓融的好朋友與部屬來幫助你，使你的生活與事業得到上好的發展。

丑年：丑年的朋友宮在午宮，有武府入宮。此年的朋友運大好。你會有許多剛直、有正義感、重言諾，對你真正有利的朋友來協助你。他們會帶給你極大的財利。你可以利用此年開拓事業、收獲會很大。

寅年：寅年的朋友宮在未宮，有日月入宮。此年你的朋友運時有變化，陰晴不定。尤其和女性朋友的關係不和諧。男性朋友較會幫你的忙。

卯年：卯年的朋友宮在申宮，有貪狼入宮。此年你的朋友運不佳。有嫉妒你、背叛你、連累你，使你遭災的朋友出現，你要小心！

辰年：辰年的朋友宮在酉宮，有機巨入宮。此年你的朋友運尚可。但是你的朋友都是表面和你友好，但私底下對你有怨隙之人。你的屬下也是陽奉陰違之人。因此你要隨時注意他們背後的搞怪行動！

巳年：巳年的朋友宮在戌宮，有紫相入宮，此年的朋友運大好。此年你所結交的朋友都是地位高、本份的、道德標準較好的朋友。你會得到他們很多的幫助。

⑪紫微在戌

天同 吉 巳	武曲 天府 午	太陽 太陰 未	貪狼 申
破軍 辰			天機 巨門 吉 酉
卯			紫微 天相 戌
廉貞 寅	吉 丑	七殺 吉 子	天梁 亥

午年：午年的朋友宮在亥宮，有天梁陷落入宮。此年的朋友運不佳。你會有許多朋友，但他們對你的態度冷淡，也不會對你伸出援手來幫助你。

未年：未年的朋友宮在子宮，有七殺入宮。此年的朋友運不佳。會有剛強凶暴的朋友出現。也要小心有人會盜竊你的錢財，背叛你，使你遭災。

申年：申年的朋友宮在丑宮，為空宮有日月相照。你的朋友運為弱運。朋友和你的關係時好時壞，是非、麻煩很多。尤其女性朋友會成為你的煩惱。男性朋友還可以體諒你。

酉年：酉年的朋友宮在寅宮，有廉貞入宮。你的朋友運極佳。朋友都是企劃能手，有很高的思考能力，因此在你的事業上、生活上都能提出最佳的建議。

戌年：戌年的朋友宮在卯宮，為空宮有機巨相照。你的朋友會和你保持一段距離，表面祥和、骨子裡鬥爭的厲害。你的部屬也對你陽奉陰違。讓你心情常抑鬱擔心。

亥年：亥年的朋友宮在辰宮，有破軍入宮。你的朋友很多、三教九流都有。有些有用、有些沒用，對你的助益很難估計。你會為這些朋友花費很大的交際費才能維持彼此的關係，有點有苦說不出。

紫微在亥 命盤格式的人

子年：『紫微在亥』命盤格式的人，子年的朋友宮在巳宮，有天府入宮。此年你的朋友運極佳。有許多的好朋友和好部屬會同來幫助你成就事業，並帶給你極大的財利。

丑年：丑年的朋友宮在午宮，有同陰入宮。此年的朋友運是吉凶參半的狀況。朋友們都是陰柔溫和的好人，但不得力，對你所託付的事情幫不上忙。女性朋友還隨時與你有不愉快的事情發生。因此吉少凶多。

寅年：寅年的朋友宮在未宮，有武貪入宮，此年你的朋友運不佳，會出現性格剛強，怪異，有反叛行為的朋友，你也要小心他們會出賣你，陷害你，使你遭災。

卯年：卯年的朋友宮在申宮，有陽巨入宮，此年你的朋友運不是太好。朋友是很多，但朋友之間是非多，而且相互攻擊、說彼此的壞話，帶給你

⑫紫微在亥

天府 吉 巳	天同 太陰 午	武曲 貪狼 未	太陽 巨門 申
吉 辰			天相 酉
廉貞 破軍 卯			天機 天梁 戌
寅	丑	吉 子	紫微 七殺 亥

很多煩惱。也可能會影響到你。

辰年：辰年的朋友宮在酉宮，有天相入宮。此年你的朋友運較好。會有老好人的朋友出現，他們很正派，又很正直，會任勞任怨的幫助你。

巳年：巳年的朋友宮在戌宮，有機梁入宮。此年你會有極端聰明的朋友，但是他們的私心也很重，除非看到你有很好的運氣，否則不會出手幫助你。此刻你必須比他們聰明，而且運用智謀會交到專業領域裡程度高的朋友。

午年：午年的朋友宮在亥宮，有紫殺入宮。此年你會遇到地位很高，性格高傲的朋友。表面上他對你很好很客氣。實際上是嚴肅很兇的。他根本不會幫助你。你的屬下對你也是同樣有冷淡嚴肅的架勢。

未年：未年的朋友宮在子宮，為空宮有同陰相照。此年的朋友運不佳。朋友多而不得力，全是言不及義或愛玩的朋友。女性朋友與你不和，會惹是非麻煩。

申年：申年的朋友宮在丑宮，為空宮有武貪相照。此年你的朋友運不佳。會有嫉妒、背叛、怪異、剛暴的朋友，使你遭災。

酉年：酉年的朋友宮在寅宮，為空宮有陽巨相照。此年你的朋友運為弱運。

朋友中是非多，而且相互攻擊，散播謠言，使你煩惱。

戌年： 戌年的朋友宮在卯宮，有廉破入宮。此年你的朋友運極差，有行為惡劣，用詐騙或恐嚇的方法向你取財的朋友。此年要小心被綁架勒贖的事件發生在你身上，而且犯案的人正是你的朋友。

亥年： 亥年的朋友宮在辰宮，為空宮有機梁相照。此年你的朋友運為弱運。你會有一些智慧高、聰明的朋友，但是他們對你並不真心，常常要弄一些技巧，讓你難堪，你要小心他們，並保持距離才不會遭災。

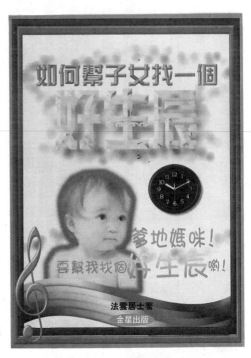

第五章

如何讓『婚姻運』飆起來

婚姻運會影響人生感情的運程，也會影響人生的格局，更會影響事業、財運、貴人運以及後代子孫的遺傳因子和成就。

紫微幫你找工作

『男怕入錯行，女怕嫁錯郎』。
現在的人都怕入錯行。
你目前的職業是否真是適合你的行業？
入了這一行，為何不賺錢？
你要到何時才會有自己滿意的收入？
法雲居士用紫微命理幫你找出發財、升官之路，並且告訴你何時是你事業上的高峰期，要怎麼做才會找到自己有興趣的工作？
要怎樣做才能讓工作一帆風順、青雲直上，沒有波折？
『紫微幫你找工作』就是這麼一本處處為你著想，為你打算、幫助你思考的一本書。

第五章　如何讓『婚姻運』飆起來

通常我們看一個人的婚姻運，首先看其人夫妻宮的好壞來做定奪。夫妻宮同時又是人類感情深層的理念、喜好。例如夫妻宮有七殺星的人，是做事乾脆、愛恨分明、喜歡爽朗直接、有魄力、有擔當、有大丈夫氣慨的人，來做他的配偶或情人的。他絕不會挑選到扭扭捏捏、陰陰柔柔、陰晴不定、懦弱怕事的人來做他的情人和配偶。因此當我們看到一個人的另一半配偶時，從配偶的外形、氣質、性格上就會很明確的瞭解此人的真正個性是什麼？內心的慾望是什麼？以及夫妻間的感情如何？婚姻運好不好了。

倘若是未婚的人，我們從其面相上斷定其命格，或是由命盤中的夫妻宮來看其『配偶運』、『婚姻運』，更是十分準確的。並且我們也可由『夫妻宮』瞭解到此人在夫妻間、男女關係上相處的問題。

綜合起來說：你的婚姻運的好壞，實際上就是存在於你內心深處的一種情感模式和價值觀的好壞問題。

不論你的婚姻是他人介紹，或是被迫結婚，你的配偶的形相早已決定在你內心深處，受制於你內心底層的感情模式和感情價值觀之中了。所以你要改善婚姻運，首先要改善自己的想法，改善自己的情感模式，改善自己情感上的價值觀，才可能會成功。

此章所談的『婚姻運』應該分為兩方面來談：一是未婚者的『婚姻運』。二是已婚者的『婚姻運』。

第一節　如何使未婚者的『婚姻運』飆起來

未婚者的『婚姻運』裡喜歡『桃花運』來助運。已婚者的『婚姻運』裡則忌諱『桃花運』太多，否則會有第三者介入，婚姻有不美滿之虞。

在『婚姻運』裡最主要的問題就是『桃花運』的問題。『桃花運』則是因桃花星在命盤中所分佈的宮位，而有善惡不同的區別。（此處的善惡是指對人生運程的利弊而言）在命理中通常都以對宮相照、相沖的力量較大，其次是三合宮位的相互拱照，例如命、財、官等宮位就是在三合宮位的角度上。而這個命、財、官三合局是看人生成就的格局。我們若要看『婚姻運』則要以『夫、遷、福』（夫妻宮、遷移宮、福德宮）這個三合宮位為最主要的運程格局。

我們常會在一些年紀已大而結不成婚的人的命盤中發現：在他們的人生格局中的夫妻宮、遷移宮、福德宮中會發現以下的現象：一、夫妻宮為空宮。二、桃花星太少，或根本沒有桃花星。三、桃花星與空劫、刑耗之星同宮，被吃掉了！或被刑剋得很嚴重。因此結婚的機會被剝奪了。

事實上，不婚的原因很多，有本身性格上的問題，有家族遺傳疾病的問題。也有後天形成思想教育上的問題。

在本身性格的問題上，我們要看『命、財、官』三宮位的吉凶。是否有煞星擋道？這也會直接影響到我們的事業與手邊擁有的財富的。在家庭遺傳疾病方面，我們要看『兄、疾、田』三宮位（包括兄弟宮、疾厄宮、田宅宮）。從這三個宮位裡我們可以看到兄弟少、不孕症、遺傳性精神病、顛癇症等等影響婚姻的因素。在思想教育或絕嗣問題上，我們可以從『父、子、僕』（父母宮、子女宮、僕役宮）三宮位看出端倪。因此各方有煞星出現時，所代表的意義各有不同。

桃花星的種類

桃花星的種類繁多，有廉貞星、貪狼星、天姚星、紅鸞星、沐浴星、咸池星等等。此外有桃花成份的星曜如紫微星、天梁星、太陰星、文昌星、文曲星、左輔星、右弼星、天鉞星、天喜星、臨官星、化祿星都具有桃花成份，亦可稱之桃花星。其中文昌星必須與文曲星在福德宮同宮或相照時，桃花成份才會顯現。若與文曲的角度不佳或居陷落時沒有桃花。

（有關於桃花星之內含特質，與對人生的優劣影響，請參看法雲居士所著『如何掌握你的桃花運』一書）

桃花星所帶給人的，不但是婚姻完美與否的影響，同時也是人類對外交通，與外界溝通時的潤滑劑。我們稱之為『人緣桃花』。一切有關於感情的發展，當然首先就必從『人緣桃花』開始的。先有了好印象，才會進入愛情的發展中。

我們現在試從下列三個例子來探討希望結婚，而又結不成婚的情況。

1. **『夫、遷、福』煞星太多。桃花星在命盤宮位裡，分佈不均勻的狀況。**

一位楊先生在軍中服役得很不順利，常和長官衝突，被關禁閉又被記過處分，因此他來找我，希望知道在自己的命程裡是否是一直這麼不順利的？以及自己對自己的前途、婚姻的希望是否可達成。

我們先來看楊先生的命盤：

楊先生命盤

福德宮 天同 鈴星 天刑 天鉞 喜神 天福 臨官 〈身宮〉 丁巳	田宅宮 武曲 天府 地劫 咸池 小耗 戊午	官祿宮 太陽 太陰化科 大耗 沐浴 己未	僕役宮 貪狼化忌 天馬 天喜 庚申
父母宮 破軍化祿 天空 解神 貫索 丙辰	水二局	陰男	遷移宮 天機 巨門化權 火星 天姚 蜚廉 白虎 辛酉
命宮 文昌 天貴 天魁 喪門 大耗 乙卯			疾厄宮 紫微 天相 陰煞 寡宿 攀鞍 壬戌
兄弟宮 廉貞 右弼 紅鸞 孤辰 旬空 晦氣 甲寅	夫妻宮 擎羊 台輔 官府 破碎 截空 乙丑	子女宮 七殺 左輔 祿存 甲子	財帛宮 天梁 文曲 陀羅 弔客 歲驛 癸亥

楊先生非常年輕，今年才26歲。能對自己的前途預先做一個規劃，可見這是一個很有頭腦的人。

楊先生是文昌坐命的人，文昌坐命通常都精打細算，頭腦很聰明，外表長得不錯，但是很小氣，愛計較，是錙珠必較的。而且文昌是時系星，因此他們的耐性也很差，很容易發脾氣。

文昌坐命的人，桃花並不強。文昌只有在福德宮或與文曲同宮時才有桃花，因此文昌坐命的人屬於剛直、正派、高傲、沒有耐性的人、

在亥年、子年、丑年三個流年運程的宮位裡，亥宮的天梁陷落，有文曲為陀羅所制。子宮有七殺、左輔、祿存，沒有桃花星。左輔與七殺同宮，助紂為虐。丑宮有擎羊、台輔，沒有桃花星。因此在這三個當兵的年份時期中，沒有貴人的幫助，言語遭災（說話難聽、頂撞長官），態度剛硬凶暴、完全失去了文昌坐命的人的優雅氣質。所以在這個時期非常不順，也沒有朋友往來可以舒解情緒。據他說：就是和睡上下舖的兄弟都不彼此談話，這是非常令人訝異的事！

在楊先生的『命、財、官』三合處有『陽梁昌』。但是祿星不在此格中，而且天梁星是居陷的，因此『陽梁昌祿』格不完整了，一切都必須靠自己打

拚，所做的事情往往是事倍功半的。而且所獲得的財利也並不好。

楊先生希望在28歲以前結婚，30歲事業有成，生育兩個小孩，娶一房美妻，我們來看看可不可能達成願望？

首先談婚姻的問題

『夫、遷、福』

我們可以看到楊先生的夫妻宮是擎羊、台輔。對宮有日月相照、太陰陷落化科，還有沐浴、大耗等星。可見楊先生的配偶是個注重外表打扮，陽剛氣較重的人，並且具有陰晴不定的性格、疑心病重、私心也重的人。因此楊先生未來的夫妻關係並不好，因為兩個人都是愛計較，會彼此挑剔對方的人。

楊先生的遷移宮中有天機、巨門化權、火星、天姚、白虎、蜚廉等星。因此在其環境裡情況是每日變化多端的，是非多、火爆、有巨門化權、說話很直接、專制、蠻橫、事事佔上風。雖有天姚，但都被這些強星所掩蓋了。並且有虛華不實際的情況。所以楊先生無論處在任何環境下，是非多是顯而易見的。此種環境只利於做學問或是做研究工作會較好。

楊先生的福德宮中有天同、鈴星、天刑、天鉞、喜神、臨官等星。天同本是福星。人會比較懶，但有鈴星來沖，因此可激勵其轉為勤勞。再加上對宮相照的陷落的天梁、陀羅等星，因此一生是又愛享福，但又勞碌不斷了。其身宮落在福德宮，其人注重自我，並不關心別人的感受。

我們由楊先生『夫、遷、福』三宮中可以發現包括巨門暗星在內，共有四個甲級煞星，此外還有天刑這顆刑星，太陰又是居陷的，故而我們可以預測楊先生的婚姻生活並不是很美滿的。

至於楊先生希望有兩個子女，我們看到他的子女宮中有七殺、左輔、祿存等星。七殺、祿存都主孤，或有身體殘疾、性情剛暴的一子，因此子女運也並不好。

『命、財、官』

在楊先生的金錢運方面，因『命、財、官』三方的『陽梁昌祿』格缺乏祿星，文昌居平，天梁陷落，因此若要考高考、普考，必須經過極大的努力，並且要選用未年，太陽在未宮居得地合格之位，才會較有成功的把握。

若是從商，財帛宮中無財星，文曲雖能助旺，但為陀羅所制。官祿宮中之太陰化科居陷，很會做事，但財運不佳。田宅宮雖是武府，財星與庫星一同住守，但有地劫星、會有外來劫財的問題，好像養了隻小老鼠，咬破了財庫。此命格需長久努力，終其一生，老年時還是會有財富可積蓄而成的。

對楊先生的建議是：

❶ 夫妻宮不好的人，必須先檢討自己。在自己的周圍去尋找有婚姻美滿、事業成功的人，做為榜樣，儘量去學習他們待人處事的優點與風格。並且隨時修正自己的錯誤。

❷ 夫妻宮有擎羊星的人，在自己本身的感情世界中也會具有獨佔、霸道、不講理，愛就愛得死去活來，不愛時就相互攻訐爭鬥，疑神疑鬼、報復心、與石俱焚等特殊性格，常有自己得不到的，別人也別想得到的想法。不但在與他人相處上會因強烈的個性遭人排斥，就是在夫妻相處上也是彼此刑剋的厲害，誰也不讓誰，其結果當然是顯而易見的了。這種婚姻關係往往形成互相傷害、彼此報復的結果。因此在對夫妻宮有擎羊星的人的建議上，我希望你自己本身要多有修為，並隨時警剔自己要寬容的對待別人。千萬要記得：吃小虧會佔大便宜，家和萬事興，不要一味的

只要求別人，而不要求自己。

❸楊先生的命宮為文昌居平，這是一個常自做聰明，而思慮和計算能力不足，堪察事物只重表面，不重內在情況的命格。因此在對很多事物的估計上會產生錯誤。在產生錯誤之後，又形成怨天尤人的氣憤。因此我建議楊先生應專注精神去鑽研一門手藝、修習電腦，或做文科工作方面，從實務做起，不要太在乎計較錢財的利益，等到有專門技術之後，財運自會到來。

❹楊先生的桃花星在命盤中分佈很不均勻，只有在寅年、辰年、巳年、午年、未年、申年、酉年、戌年會較有桃花運的機會。但是辰年是破軍化祿，破耗多，不利財，雖化祿亦不能從商，又有天空星，使萬事成空，也不利於婚姻，因此交不到女朋友。巳年有天鉞、喜神、臨官這些乙、丙、丁、戊級的桃花星，為鈴星、天刑所剋。縱有桃花運也不佳。午年有咸池，但為地劫、小耗所剋，外來事物會影響桃花運。未年有沐浴，但太陰居陷、大耗臨運。會與女子不合有是非。申年有貪狼化忌，壓過天喜這顆戊級星。逢貪狼化忌運時，人緣關係惡劣，常產生是非遭災。因此我們看看可以利用的桃花運時機，只有寅年、酉年、戌年了。寅年

有廉貞、右弼、紅鸞，這在結婚運上是一個好運。但是在已婚後的寅年，卻是個容易有離婚機會的年運。因為廉貞桃花星逢右弼星的關係。

酉年時，有天機、巨門化權、火星、天姚等星。利用自已的聰明才智和口才，可以交到一個心儀的女朋友。但是要小心，不要常翻舊帳，事事計較，也不能性急火躁，才能達成所願。

戌年時，有紫微、天相、陰煞等星。在流年中此年是最舒服、平順的一年。但是仍有一些小人在私底下做怪。只要保持好心情，所有的事情都會順利吉祥。

因此、寅年、酉年、戌年是楊先生最可發揮使『婚姻運』飆起來的年份。在每一個流年中，當流月行經寅宮、酉宮、戌宮時，也是楊先生較有桃花運的月份，可以好好把握！

※　※　※　※　※

2. **因本身個性的問題，與家族遺傳的影響，而有晚婚的格局。**

朋友中有一位長得儀表非凡、才氣縱橫、人緣極佳的帥哥李先生，擁有讓許多美女覬覦的優點，也有許多美女前來暗示，但是此位帥哥就是不結婚。也不願意對周圍的美女進行追求，他最常說的一句話，就是『大家都是好朋友嘛！』難道要與周圍的美女做一輩子的好朋友嗎？真急煞了許多有心人。

有一天，這位李先生自己找我幫他排一下命盤，當然，婚姻之謎也就順便解開了。

李先生的命盤格局如下：

李先生是火貪坐命的人，這個人的速度感很快，無論思考能力，與行動能力都是一流迅速的人，其聰明才智自然不在話下，但是會是一個性格有些古怪的人。有貪狼居旺在命宮的人，交際手腕極佳，人緣特好。尤其他的遷移宮又是紫微星，所到之處皆受人尊重、仰慕，是極端好運的人。

李先生還有更好運的命格，就是『火貪格』暴發運。在馬年時，28歲即以著作聞名，大發了一筆財富。我們都知道『火貪格』比較偏向於財富的獲得，因此他從此一蹴富人之列。

李先生命盤

兄弟宮 太陰 封誥 截空 旬空 癸巳	命宮 貪狼 火星 天魁 咸池 小耗 甲午	父母宮 天同 巨門化祿 文昌化忌 文曲化科 乙未	福德宮 武曲 天相 天空 天姚 陀羅 天喜 丙申
夫妻宮 廉貞 天府 天刑 沐浴 貫索 壬辰	金四局	陰男	田宅宮 太陽化權 天梁 祿存 台輔 鳳閣 蜚廉 白虎 丁酉
子女宮 右弼 辛卯			官祿宮 七殺 擎羊 天貴 寡宿 戊戌
財帛宮 破軍 地劫 天鉞 喜神 臨官 紅鸞 孤辰 庚寅	疾厄宮 鈴星 病符 破碎 辛丑	遷移宮 紫微 陰煞 大耗 〈身宮〉 庚子	僕役宮 天機 左輔 天馬 弔客 歲驛 己亥

李先生的夫妻宮還不錯，但為什麼不結婚呢？

『夫、遷、福』

現在我們來看看李先生的『夫、遷、福』這一組宮位的星曜。夫妻宮中有廉貞、天府、天刑、沐浴等星。廉府在夫妻宮的人，會有善於交際的配偶，而且夫妻倆志同道合的以交際應酬為樂。可以發展很好的人脈關係，在彼此的事業成就上助力很大。有天刑在夫妻宮時，夫妻間會有些磨擦，感覺到刑剋，心理上會因對方而產生負擔。有沐浴桃花星時，是夫妻間感情的潤滑劑。

以夫妻宮有廉府雙星的人，我們可以得知李先生的配偶是長得白白淨淨、穩重規矩、圓滑，又很會理財的人，這一點對貪狼坐命的人來說，正是補足其缺點的地方。貪狼坐命的人，其財帛宮都是破軍星，有愛花錢、不會理財的毛病。況且李先生的財帛宮內尚有地劫這顆星，錢財常被人借走不還，或因外來的事物引起破耗，錢財留不住，進財也常有不順的狀況。但是命宮中有貪狼星的人，都很怕被束縛、被人管，否則那真是要了他的命，他會趕緊逃走。

夫妻宮有廉府雙星的人，其本人的內在感情上強烈的佔有慾，固執而霸道，私心很重，但外表卻表示豁達、不計較的樣子。讓人摸不清他內心在想此什麼？是不是真的不計較？倘若你真以為他是大方不計較的人，你便錯了！你很快的便會感覺到不知何時得罪了他？而且還會有些小懲罰，在後面緊隨著呢！要知道有廉府在夫妻宮的人，雖不會和夫妻宮有擎羊星的人一樣，報復的那麼嚴重，但至少會讓你知道你已得罪他了！

夫妻宮的對宮官祿宮中又有七殺、擎羊來相照夫妻宮，形成『廉殺羊』的格局非常凶悍。不但在流年、流月中逢到會有血光之災，三重逢合時，在辰年、戊年都會有性命之憂。因此也連帶的對夫妻宮造成刑剋。此格最好是去做軍警職，夫妻聚少離多，減少刑剋。同時妻子也可發展交際手腕，助夫在官運上亨通。

李先生的遷移宮中有紫微、陰煞。有紫微星時，他在環境裡都是遇到條件好、高格調的人。因此細數對李先生有意的女子，差不多都是容貌、能力一流的女子。可是李先生的遷移宮中還有陰煞這顆小鬼在作怪。雖然李先生的環境這麼好，但總有些小事磨心，讓他不痛快，因此『火貪格』的本性就發作了，逃得很快。

李先生的福德宮裡有武曲、天相、陀羅、天姚、天空等星。

福德宮中有武相的人，本來是可以安享福祿，可是再加陀羅、天空，致使無法安享而需勞碌了。同時，天空、陀羅也制化了天姚這顆桃花星。

所以從『夫、遷、福』三宮來看，我們可以知道這位李先生是外緣及人緣極佳，但在桃花運方面並不是很強。同時我們也可瞭解他是多麼一個正派，不會亂搞男女關係的人了。

『兄、疾、田』

我們再看『兄、疾、田』這一組宮位。在李先生的兄弟宮中是太陰陷落。家中姐妹多，但和姐妹無緣相處少，不能相互幫忙。疾厄宮中有鈴星在得地之位。一生中沒有什麼大病痛，最多有皮膚病而已。因此在『寡人有疾』這一項也被否定掉了。田宅宮有太陽化權、天梁、台輔、祿存入宮。在田宅宮中只有天梁這顆高級桃花星，屬於人緣桃花、貴人運。因此此人的正派更可以證實。另外我們可以得知李先生所得祖業家產甚多，父母留給他的房地產龐大，這些資產並會愈來愈增多的趨勢。

在田宅宮中有祿存出現時，這是一個警訊。祿存雖是財星，在田宅宮也稱得上得居其位。但是祿存主孤，無子，或有庶出之子。而李先生的子女宮中為空宮沒有主星，有右弼次級星在位。再加上李先生命宮的四方宮位上（命、子、遷、田）有火星與空宮與祿存拱照，因此李先生的子女緣甚薄，很可能是認養的，或由別人養大的小孩。而且這個小孩很可能是女孩。

『父、子、僕』

我們再看李先生的『父、子、僕』三宮位。父母宮有落陷的天同、落陷的巨門化祿，居平的文昌化忌、居旺的文曲化科。這代表著李先生的父母很會說理、說教，但是李先生根本聽不進去，他有自己的想法，李先生會和父母有小的口角，但不會與父母有大的衝突，他會躲開，所以就離家至台北發展了。當然父母嚕嘛最多的，就是催他早日成家囉！

子女宮在前面已談過是空宮無主星，有右弼入宮，子息因緣不強，且可能是別人帶大的小孩，因此此類的子女運格，最好認養小孩為佳，但是前面談到的，他的內心世界是較私心重的，不是自己血緣中的小孩，他可能會認養嗎？這是值得置疑的。

僕役宮是天機在亥宮居平陷位置，還有左輔、天馬入宮。李先生的朋友運並不好，雖有左輔星、天馬星，朋友很多會來幫忙。但是愈幫愈忙。我們都知道左輔星是助星、貴人星，但是它是個忠實的老僕人，倘若主人（主星）是正派吉祥的好人（好星），它就是助善的忠僕。倘若主人（主星）是凶星、惡星，他就是助惡的愚僕。因此在此地天機居平陷，常有不良、不善、朋友關係變化惡劣的時刻，它只會助其愈變愈糟，因此可以說助益不大。

由李先生的『父、子、僕』三宮來看，我們可以很清楚的感覺到李先生他的內心裡非常明白清楚的曉得，家裡的人不可靠，沒法子溝通，外面的朋友更是不可靠。因此他永遠要像風一樣，到處遊走，永不停息，也不太會停留在那一個家裡了。

給李先生的建議是：

❶ 要改變一個人的個性並不容易，由於性格不同，因此每個人的命運結果也不一樣。李先生是火貪坐命的人，是一種極端沒有耐性的性格，我們若要勸其慢一點，穩定下來，也同樣是不可能。像其身宮又落在遷移宮的人，是注定東奔西跑、到處漂泊的人了。因為李先生有『火貪格』爆發運、偏財運，故而我建議他做股票、期貨生意，而且短線操作上會有大財利。若要繼續做作家，宜從事旅遊類的作家，會有大發展。若從事旅行社的工作，做導遊，則不見得適任。因為旅遊業是服務業，而火貪

坐命的人，行事潦草馬虎，一定會遭人抱怨。若做南北奔波的運輸業也不錯。但是有貪狼星在命宮的人，喜愛風花雪月，定看不起這種勞動形態的工作的。

❷

火貪坐命的人，思想與情緒閃現得很快，有時候靈光一現，想要結婚也是有可能的。因此他們最容易傳出閃電結婚的喜訊。所以各位想要擄獲此位帥哥的美女們注意了！不知道誰是那位的幸運者或是不幸者呢？火貪坐命的人很害怕束縛，可能才結婚就後悔了！也可能結婚三天就已不見蹤影。所以其配偶要給他很大的空間和時間，讓其隨心所欲的遊走。有一天在他心情低落需要有人談談時，他又會回到這個家中來，因此配偶的耐心需要何其大呀！

不過呢？火貪坐命的人，對金錢是不計較的，他會給配偶足夠的家用，一擲千金毫不皺眉，他小氣的是在感情方面的問題。只要配偶的忠心度夠，又能瞭解他心理上的障礙問題，生活上也會相得益彰。

李先生桃花運流年運程是寅年、辰年、午年、申年。寅年時若有機會結婚，會花費龐大，舉行盛大婚禮。辰年時若結婚比較會精打細算。午年時，結婚會閃電結婚，也會舉行怪招婚禮，或不舉行任何儀式。申年時結婚，很可能蹉跎很久，才勉強結婚。而且李先生很有可能在五十歲時才結婚。

※　※　※　※　※

3. 桃花星與煞星互相糾纏，桃花運雖多，但都不是善緣桃花。

陳小姐來論命時，很希望知道在經歷過多次不順心的感情之後，何時才能覓得如意郎君。

陳小姐的命盤格局如下：

陳小姐是文曲坐命的人，據其自述常遭男人騙財、騙色、情感之路坎坷。寅年算是空窗期，沒有男友，請問要到何時才能覓得如意郎君？

文曲坐命的人，通常口才佳有辯才，而且本命即為桃花格局的人。風流韻事不斷，是不愁沒有桃花運的。目前沒有感情糾葛，主要是運逢寅年為空

陳小姐命盤

遷移宮 廉貞化祿 貪狼 祿存 鈴星 天姚 臨官 劫煞 丁巳	疾厄宮 巨門 擎羊 右弼化科 地劫 戊午	財帛宮 天相 天鉞 紅鸞 寡宿 己未	子女宮 天同 天梁 左輔 天馬 庚申
僕役宮 太陰化權 陀羅 天空 蜚廉 白虎 丙辰	水二局	陽女	夫妻宮 武曲 七殺 火星 咸池 辛酉
官祿宮 天府 文昌 乙卯			兄弟宮 太陽 喜神 壬戌
田宅宮 旬空 小耗 甲寅	福德宮 紫微 破軍 台輔 天刑 天魁 天喜 <身宮> 乙丑	父母宮 天機化忌 解神 甲子	命宮 文曲 癸亥

宮弱運，掌管流年情感的流年夫妻宮恰逢子宮，有天機化忌之故。天機善變，化忌為是非災禍。陳小姐寅年時的感情方面正逢一個起伏多變的情緒，而且這個情緒常把事物轉向惡質方面看待。縱然有男子靠近她，她也是覺得對方是趁機圖利之輩，會惡言相向，將之嚇退，故而此時以忙碌事業為佳。

現在我們來看看陳小姐的個性。文曲坐命有廉貞、貪狼化祿、祿存、鈴星、天姚、臨官、劫煞相照。廉貪在巳宮為居陷，貪狼化祿、力道不強。有化祿與祿存形成雙祿。鈴星是煞星，形成『刑祿』和『祿逢沖破』的格局。天姚主浮華、妖冶、風騷之桃花、化氣為破耗。臨官與劫煞合成『桃花煞』。對宮有這麼多星來相照。遷移宮也是影響一個人的個性最厲害的直射影響。由此我們可以看出陳小姐的個性，實則是一個嘴巴厲害，行為態度都很潑辣的角色。外面世界的財祿似乎很好。她也利用這個性格上的特性賺到許多錢財。陳小姐是保險業務員，這個工作很適合她。是得財不少的行業，但會遭到劫財。

有廉貞、貪狼化祿同宮相照的人，在人緣關係上與行為是有問題的。事實上兩個主星都居陷落的位置，雖然有一點微小的人緣，但是得不到別人的尊重，況且再有鈴星這顆煞星同宮時，情況更明顯了。而且還有天姚與臨官、劫煞這兩顆星所組成的桃花煞，一同相照。既然一個人所處的環境是淫亂而帶財的環境，因此我認為陳小姐並不一定是遭人騙財騙色。相反的，她也有可能以色取財，而得財不少！

事實上，不論是廉貪坐命或者是廉貪相照命宮的人，都有說話誇大不實的毛病，多說少做。而其命宮的文曲星和相照的天姚星，是喜歡美化自己，掩蓋事實，慾望多而強詞奪理的一個特性。因此陳小姐的個性便浮現出來了。

『命、財、官』

我們從其『命、財、官』這一組宮位來看陳小姐的事業成就。命宮是文曲時系星坐命，聰明能幹，精打細算。通常文曲坐命的人會為桃花破耗（指錢財），但是陳小姐的財是桃花財，看起來在財的方面反而沒有破耗。在色的方面，因為本性如此，更談不上破耗了。

文曲時系星坐命的人，心情反覆，思想常變化，常怕自己吃虧。於是總是說自己吃了虧。

財帛宮裡有天相、天鉞、紅鸞、沐浴、寡宿等星。財帛宮裡有主星天相的人，一定會在一個平穩環境中，如公家機關或大公司中賺很平穩的薪水。

天鉞更能增其很優雅的賺錢方式。紅鸞在財帛宮中雖能稍增財富。但沐浴星為敗星，有三個以上的桃花星（天鉞、紅鸞、沐浴）在財帛宮時，淫亂敗財的成份多，而助財富的能力少了。這表示，喜歡將錢財花在有關桃花色情的事情上面，也喜歡花在愛美的事物方面。

官祿宮有天府、文昌入宮。天府在得地之位，而文昌只是居平而已。這表示陳小姐在事業上會得到中等左右的財富，但是精明度與計算能力還是要加強的。同時也表示陳小姐的工作是表面很文雅，又很賺錢，但實際是普通的狀況。這主要的原因是由於外來力量的影響所致。是什麼原因呢？我們看到陳小姐相照官祿宮的夫妻宮裡，有武殺和火星形成『因財破劫』的格式，因此對事業也造成一定的傷害。所以再怎麼賺，都會辛苦異常，而發不了大財，始終只停留在一個稍微有錢的小康局面上。這已經是非常好了！

從陳小姐的『命、財、官』格局中，我們看到了桃花運對錢財事業的影響。

『夫、遷、福』

我們再從陳小姐的『夫、遷、福』三宮位來看陳小姐的結婚運。夫妻宮中有武曲、七殺、火星、咸池。這是一個『因財被劫』的厲害的一個格局。雖然有咸池這顆桃花星，但咸池為桃花煞，又坐在酉宮桃花敗地之上，不能產生好的影響。因此陳小姐的夫妻運，不是吵鬧打架離開，就是有第三者介入，有三角戀情。嚴重時會持刀相向的局面。情侶、配偶無法長時期相守。

夫妻宮的星曜也代表其人的感情世界。有武殺、火星、咸池的人，內心是剛烈、火爆、吝嗇的。覺得是自己想要的，便使用一切的方法去得到，得到後又不珍惜，很可能覺得沒意思而隨意糟蹋丟掉。這種人在情感中有強勢作風。倘若自己丟掉的東西被別人撿去，而又用的很好的話，也很容易引起他的報復之心，或者是奪回，或者將之毀掉。

夫妻宮有武殺、火星的人，通常會同居而不結婚，或者離婚再與人同居，與同居人也相處時間不久，就會換人。

遷移宮前面已經談過，現在來看福德宮，福德宮中有紫微、破軍、台輔、天刑、天魁、天喜。紫破在福德宮裡的人，一生勞心勞力，奔波度日。他們喜愛享受物質生活，喜歡花錢，穿著打扮都需要名牌裝飾。而身宮又落在福德宮的人，是特別注重自身享受的人。也可以說凡是對他自身有利的事物，他都是特別自私的。

我們由陳小姐的『夫、遷、福』三宮得知，陳小姐在感情生活上，都是具有強勢主導力的人。

『兄、疾、田』

我們再由陳小姐的『兄、疾、田』三宮來看她是否有機會保有好的婚姻？兄弟宮是太陽陷落，陳小姐與兄弟的感情不和，而且兄弟沒有她會賺錢，她也瞧不起他們。疾厄宮是巨門、擎羊、右弼化科、地劫、陰煞入宮。巨門與擎羊同宮，主因酒色得病。有右弼化科主有胃疾、膀胱之疾。有陰煞，容易犯陰事，因鬼得病纏身。

田宅宮為空宮，表示無正主。有天同、天梁、左輔、天馬相照、表示性生活快意，都沒有實際婚姻關係的約束力。同時也表示其人子宮不強、生育能力不強。

由『兄、疾、田』三宮，我們可以瞭解到，陳小姐同居的機會多一些，而且對方很可能是已婚者。

『父、子、僕』

從『父、子、僕』三宮來看陳小姐的婚姻運。父母宮是天機化忌，她與父母始終不和，而情況是時好時壞的，她也不會認同父母的教誨，多半時間與父母保持距離。子女宮有天同、天梁、左輔、天馬。陳小姐也可能會有一子。此子會交給別人撫養。僕役宮中有太陰陷落化權、陀羅、天空等星。我們可以看到陳小姐的朋友運也不是很好，太陰陷落化權，主女性朋友對她有很大的影響，而這些女性朋友其實都是與她不和而且相剋之人，朋友關係很壞。而且常常使她遭災失財。如此的朋友運，也不會有太長期的朋友，常常幾個月就換了一批人。

給陳小姐的建議

❶ 其實要給桃花格局的人一個建議是很難的事，難道你叫他不要去犯桃花，他就不去犯了嗎？可是陳小姐既然是蠻以自己為本位中心的人，自然就知道什麼時候的桃花對自己有用，什麼時候的桃花對自己無用了。在這個命盤格局中，當然是助自己生財的桃花，對自己有用。而財怎麼得，全憑個人所為，我們是干涉也無用的。但是要注意的是逢到巳、酉、丑

的流年運程時，這種以桃花生財的方式也會受到一定程度的破耗與災禍的。由其以酉年為最甚。馬年時，會因邪淫，又在四方拱照的火星，形成火厄及劫殺的情況，會有血光性命之災，必須注意！

❷由於陳小姐命局和運程的影響，婚姻運為順其自然最好，不必太過強求。『人生以快樂為目的』可能是這個命局最適當的寫照了。而陳小姐會感到年運比較好、比較順遂的年份，應該是丑年、卯年、未年、申年。

如何掌握你的桃花運

假如你是一個算命的

第二節　如何使已婚者的『婚姻運』飆起來

在已婚者的婚姻關係中最常見的就是夫妻相處不和諧，與外遇問題所帶給婚姻的傷害。我們若想改變這個不好的狀況，實則應該從夫妻彼此的內在性格著手，深切的瞭解彼此性格中的優劣點，要改變別人並不是件容易的事，那就先改變自己對感情處理的方法吧！這也許會給婚姻帶來一些建設性的吉兆，要使婚姻運飆起來，實則是自己的力量大過旁人的力量的！

第一個案例

有一個朋友常常告訴別人要和自己的丈夫離婚。她也坦言道，丈夫很愛她，但是為什麼要離婚呢？她說：『個性不合』！

有一天她來找我，請我幫她看看，到底婚離不離得了！

我們先來看這對夫妻的命盤，從命盤中，我們可以很快的找到答案，知道他們的問題在哪裡？也知道離不離得成婚了！

妻的部份

我們從妻的命盤中可以看到她是文昌坐命的人，遷移宮裡是太陽、巨門、右弼。因此我們很明確的知道，這個妻子是長相文雅，但性格外向，而且很喜歡說話的人。

『夫、遷、福』

在妻的夫妻宮裡有文曲化忌、祿存入宮。夫妻宮不但表達出夫妻間文往溝通的模式。同時也展現其個人的感情世界。因此我們知道這個做妻子的總是以言語來製造彼此的衝突。也知道此女子的配偶一定有性格趨向孤獨保守、話少，財力不錯，有積蓄，但是在韻律、感性方面很差，常常表達錯誤。

我們從夫妻宮來看妻的感情內在世界：她的基本性格也是一種保守的，可以自得其樂的，常以言語遭災的情感表達方式。

由妻的夫妻宮，我們可以得知他們夫妻相處的方式，是各自有各自的精神堡壘，在感性與互動方面是不良的趨勢。而這個做妻子的人，無論嫁給任何人，都將會是相同的結果，與丈夫溝通不良，時有是非。

妻子的命盤

子女宮 紫微 七殺 陀羅 天刑 大耗 己巳	夫妻宮 文曲化忌 祿存 庚午	兄弟宮 擎羊 白虎 辛未	命宮 文昌 天馬 劫煞 壬申
財帛宮 天機 天梁化科 紅鸞 解神 小耗 戊辰	水二局	陰女	父母宮 廉貞 破軍 天姚 沐浴 災煞 截空 破碎 癸酉
疾厄宮 天相 丁卯			福德宮 陰煞 天喜 寡宿 甲戌
遷移宮 太陽 巨門 右弼 貫索 丙寅	僕役宮 武曲化祿 貪狼化權 丁丑	官祿宮 天同 太陰 左輔 鈴星 咸池 〈身宮〉丙子	田宅宮 天府 火星 臨官 指背 乙亥

妻的遷移宮中有太陽、巨門、右弼。陽巨在寅宮皆居旺位。她的外在環境是一種適合在文教機構發展，運用口才可得利、喜歡講理，又有女性貴人相助事業的環境。這和她本身從事文藝圈中的行政工作是非常相合的。

妻的福德宮是空宮，有天機、天梁化科相照，本身福氣不強，辦事能力不錯，一生勞心勞力。福德宮中又有陰煞、寡宿，常犯小人，性格偏向孤獨。

從妻子的『夫、遷、福』三宮位來看，此女子的婚姻問題不大，只是溝通不良而已。

『兄、疾、田』

我們從『兄、疾、田』三宮位來看她的婚姻問題。兄弟宮是手足之宮，可以看出一個人與自己極親近的人的相處關係。她的兄弟宮有擎羊星。與兄弟的關係很壞。而且兄弟姐妹就是讓她頭痛的剋星，她也與兄弟姐妹相互計較。疾厄宮中是天相陷落。健康很差。對宮有廉破、天姚、沐浴、災煞等星相照，此女子常開刀，且有因婦女病或與生殖有關的器官會開刀。事實上我們已得知她在酉年、亥年、丑年都有開刀記錄。胃部、子宮壁膜增厚、卵巢等部位都動過手術。因此身體情況不太好。

其田宅宮有天府、火星入宮。對宮有紫殺、陀羅、天刑相照。在她的田宅宮雖有天府這顆財庫星，但是就有四顆煞星來相剋，雖有紫微也無能為力了。因此其財庫是成敗多端、起伏不定的情況。而田宅宮也同樣是看性能力的宮位。由此我們亦可知這位女子是面臨身體健康的最大威脅。

『父、子、僕』

在妻的『父、子、僕』這一組宮位中，父母宮為廉破、天姚、沐浴。與父母不和，其父母是說話、行為大膽之人，且父母離異。子女宮是紫殺、陀羅、天刑等星，有子一人，親子關係時好時壞，不算和諧而且相互刑剋。僕役宮有武曲化祿、貪狼化權。朋友宮是有暴發運的宮位，有化祿及化權，本來力道很強，但是因對宮有擎羊星，造成破格。但是依然有暴發運，要小心破耗、傷災的問題。朋友宮有『暴發運』的人，朋友運都不算好。他們雖然能給自己帶財來，但是常常相處狀況惡劣，所用部屬常有不聽指揮、背叛、拖累上司的情況。

我們可以看到這位女子的六親宮都不好，其中尤以父母、兄弟為最。因此她在心理上應該是形同孤獨的性格。文昌坐命的人也都具有這種內在孤僻的個性，是不以為怪的了。

『財、官』

妻的財帛宮是天機、天梁化科、紅鸞。賺錢進財的方式必是以智慧和機謀來進財，賺錢的方式很清高。我們也可看到她的財帛宮與官祿宮形成『機月同梁』格的格局，因此所得到財利應是徐徐漸進，像薪水階級領薪水儲蓄一樣，慢慢增多的。雖然她有『武貪格』暴發運，但『武貪格』多喜暴發在事業上再得錢財。而且『武貪格』是晚發趨勢。因此此女子必等至近四十歲時，才會大運漸好。

妻的官祿宮有同陰、左輔、鈴星、咸池。而身宮又落在官祿宮。同陰在子宮皆居旺地。所從事的工作必為文職工作。而且清高得財。有左輔星會得貴人所助。有鈴星，稍有磨難，進財或事業上不會那麼快、那麼順利。

官祿宮也是相照、影響夫妻宮的宮位。有同陰、左輔、鈴星、咸池相照夫妻宮，配偶的相貌會端正美麗、性格溫和，但仍有刑剋。應該是吉多弊少的局面。夫妻感情還算和合。但是夫妻不喜左輔、右弼等來相助，仍會有離異的可能。尤其是在未年、酉年。未年是彼此刑剋所致。酉年時，會因外遇問題而離婚，其他的年份較不可能。

夫的部份

我們從夫的命盤中看到他是天相、擎羊坐命的人，命宮裡遇有天刑、寡宿、沐浴星。對宮有紫微、破軍相照。我們可以知道這位先生，外表相貌敦厚，但有尖尖的下巴，外觀也是性情溫和的人。

天相與擎羊同坐命宮的人，是福星與刑星同宮，為『刑印』格局，無法掌權。會破相、常有傷災。天相與擎羊在未宮時，天相居得地之位，擎羊居廟位，因此擎羊星是居強勢位置的星曜。而此命格的人，多有巧藝安身。我們知道這位先生在新竹科學園區的電腦公司工作，可以得到印證。

天相與擎羊同坐命宮的人，都有一些特質、相貌忠厚、長得體面，下巴有點尖。性格是表面溫和、而內在性情是剛猛、果決。在利害與人相衝突時會奸滑不仁。個性有某些部份是霸道而不講理的，又很固執而容易衝動，特別愛與別人計較，而且一定要佔上風。他們屬於敢愛敢恨的角色。而命宮中又有天刑星，更加強了這種敏感的特質，而會把一些情感上的不愉快，放在

丈夫的命盤

夫妻宮 廉貞 貪狼 文昌 陀羅 臨官 白虎 〈身宮〉 乙巳	**兄弟宮** 巨門化忌 祿存 天空 陰煞 紅鸞 咸池 丙午	**命宮** 天相 擎羊 天刑 寡宿 沐浴 丁未	**父母宮** 天同化權 天梁 火星 戊申
子女宮 太陰化祿 地劫 甲辰	水二局	陰男	**福德宮** 武曲 七殺 文曲 天鉞 大耗 己酉
財帛宮 天府 鈴星 小耗 大耗 災煞 癸卯			**田宅宮** 太陽 庚戌
疾厄宮 左輔 天馬 劫煞 壬寅	**遷移宮** 紫微 破軍 癸丑	**僕役宮** 天機化科 右弼 天喜 貫索 壬子	**官祿宮** 天魁 台輔 天姚 喜神 辛亥

心裡，自我折磨。

哇！我們又發現這位先生的身宮居然落在夫妻宮！這是一種以『感情』為人生唯一歸依目標的心理模式，也就是說他把愛情看得比什麼都來得重要。而這位先生的夫妻宮中又都是廉貞、貪狼、文昌、陀羅等星。廉貪與陀羅合成『風流彩杖』格，這是一個極端風流好色的格局。貪狼與文昌形成政事顛倒、糊塗的格局。對宮又有天姚、桃花星相照。因此我們可以斷定這位先生特別在乎的就是閨房之樂了。

我們再來看看他的疾厄宮、身體好不好？疾厄宮為空宮，有左輔入宮，健康良好。疾厄宮的對宮有天同化權、天梁、火星相照，這是必須注意肝臟和酒色之疾的生理狀況。

我們再來看他的福德宮，享受好不好？福德宮有武曲、七殺、文曲、天鉞、大耗。武殺在福德宮是必須操勞奔波、勞心勞力，這是『因財被劫』，生活不安定的形式。有文曲、天鉞等桃花星，而曲、鉞都在旺位，桃花運不錯，是可以享受並且容易發生感情的局勢。但是也容易形成『因色持刀』的情形。

我們再來看他的子女宮與田宅宮這一組星。子女宮為太陰陷落化祿、地劫。與子女的緣份不佳，雖化祿也無用。因此有一子已經很好了，親子關係並不和諧。田宅宮有太陽陷落。他在家中沒有地位。太陽雖具陽剛之氣，但沒有光彩。

從這位先生的命盤中整個的形式來看，我們可以感覺到他對愛情（包括性關係）是寄與厚望的。而這位妻子因為身體太弱無法承受。因此造成彼此的衝突。但是我們也可以瞭解這位先生在感情上非常愛他的妻子，而且已經愛得有點糊塗了。倘若這位妻子一再的揚言要離開他，或真的採用行動的話，顯而易見的，命宮中有擎羊星的人是絕對不會放過她，可能會有殺妻等制裁行動出現了。君不見殺死星相家陳靖怡的男友，也就是天相、擎羊坐命的人嗎？

在這個案例中，我所提供的建議是：

1. 在妻子方面，要儘快的把身體養好。不要再談離婚的事。事實上彼此也沒有什麼大問題，只是性生活不協調而已。要找一個像她先生這樣愛自己的人並不容易，要多珍惜！不要誤人誤已。

2. 在先生方面。要體諒妻子的身體弱，在家事方面多協助，儘量投其所好，形成和諧的家庭氣氛，如此，太太歡喜、家庭和樂、自己的好色本性可能得到舒解。

第二個案例

亥年時，有一位事業很有成就的林先生前來找我談談他的煩惱。因為這是家務事、不願意讓朋友、親戚知道，又無人可談心。

他告訴我說，自己已結婚三次了，但是現在又想離婚，不知道是否該離？當我問及離婚的緣因時，他說：只是感覺情感淡了，覺得沒有必要再繼續，願意將家財的一半贈與現任配偶以求解脫。並且最近常到寺廟清靜之地參拜遊覽，甚至興起出家的念頭。

望著眼前這麼一位事業成功者，他居然說要出家，這不是太奇怪嗎？難道為感情所困？

我從林先生的命盤中找到『鈴貪格』這個暴發運格局，告訴他與逢寅年便有暴發運的事實。林先生點頭微笑，隨即便講了他的故事。

林先生在28歲時發跡，在這之前他只是一個公司裡的小職員。但是在發跡之前卻發生了一件影響他很重大的事情，就是和第一位妻子離婚。原因是妻子在職業賭場中輸了很多錢。夜裡他在睡夢中被叫醒，幾個惡漢逼著他簽下一百萬的債票。當時他還正窮困，並沒有這壹百萬元，但是他卻毅然決然的簽下本票，也簽下離婚協議書。沒想到幾個月後他卻意外的接到一筆生意，發了一筆大財，把債也還清了。從此事業便青雲直上，目前在世界各地共擁有三十多個貿易公司。由此可證明很多人在暴發運來臨之前，都會遇到一陣子運氣低落的時刻。

『命、財、官、遷』

我們先從林先生的『命、財、官、遷』等宮來瞭解林先生的個性。林先生是天同坐命亥宮居廟位的人，他的相貌堂堂，外表正派，溫和、氣質很好，說話表現思路聰敏內斂。在遷移宮中有天梁、左輔、天馬入宮，而天梁是陷落的。因此沒有長輩貴人運。

天同坐命本來是福星坐命的人，比較懶惰，但有對宮陷落的天梁來激勵，因此可以在事業上打拼而有成就，雖然說忙碌不停，但是好運常掉落在他的頭上，這是與旁人的勞碌而沒有結果的狀況所不能比的。據林先生自己也說，

林先生命盤

遷移宮 天梁 左輔 天馬 癸巳	疾厄宮 七殺 文昌化忌 天魁 天喜 甲午	財帛宮 天空 鳳閣 <身宮> 乙未	子女宮 廉貞 文曲化科 陀羅 丙申
僕役宮 紫微 天相 壬辰	陰男 木三局		夫妻宮 祿存 右弼 丁酉
官祿宮 天機 巨門化祿 地劫 辛卯			兄弟宮 破軍 擎羊 天刑 戊戌
田宅宮 貪狼 鈴星 天姚 天鉞 庚寅	福德宮 太陽化權 太陰 火星 辛丑	父母宮 武曲 天府 陰煞 紅鸞 咸池 庚子	命宮 天同 白虎 指背 己亥

他的運氣總是比別人好，常有不認識的人來找他合夥做貿易公司，三十幾家公司就是這麼來的。就像在美國所擁有的那間貿易公司，便是他在接洽業務時，來往了數次，而對方竟提出合夥的要求，並把公司資產分給他一半，你說奇不奇？而天同坐命的人，就是有這種福氣來消受。當然對方一定也對林先生這個人做過很深程度的調查，否則也不會如此的信任他了。

林先生的財帛宮是空宮，對宮有太陽化權、太陰、火星來相照。財帛宮是空宮的人，一定要請會計來管理財務，否則財產會存不住。有太陽化權相照時，太陽居陷位，在男人的環境裡競爭力不強，但有化權時，依然可有檯面下暗中主導地位。有太陰居旺相照時，錢財很多。有火星相照時，錢財進出快速。

林先生的官祿宮是天機、巨門化祿、地劫。可見林先生的事業必須用智慧精心研究，並且在該項事業中要達到極專業的水準，而且必須運用自己的口才向對方說明，則所得到的錢財是非常鉅大的。我們從林先生的命盤也可發現他是『火貪格』加『機月同梁』格的人。這也是須要漸進累積，然後再靠幾年一次的暴發力往上衝的格局。同時我們也發現林先生是主財而不主貴的人。財富可以無限的伸展，主貴的機運卻不好。從言談中我也發現林先生從商的心得很多，對政治卻沒有興趣。可見他已找到自己的路了。

現在來看看林先生的夫妻宮。夫妻宮中有右弼星、祿存。可見林先生的妻子都是嬌小可愛，很會撒嬌、孩子脾氣，會把老公與家庭照顧得很好，又能幫老公存住財富的人。

既然這麼好的老婆，為什麼會結婚三次，現在還想離婚？

夫妻宮中有右弼、左輔這兩顆星的任何一顆存在時就是很容易冉婚。

當夫妻宮有右弼星時，林先生的內在情感世界也有下列右弼的特質。林先生會對感情產生很多幻想。他是表面很隨和相處的人，內心卻有些專制，而且在感情方面很剛強，具有野心，很會去照顧情人或其他的人，但熱心是有條件的，他只會照顧被認定是自己人的人。他把周圍的人以自己感情喜好的模式分為很多等級。因此常有感情困擾。同時他是多情又多慮的人，初戀肯定不會成功，而又一輩子會懷念著這個初戀的情人。始終無法忘懷這第一個情人。

夫妻宮中有祿存星的人，也是在感情上特別小氣的人。祿存是小氣財神、又主孤。因此夫妻宮中有祿存星的人，同樣是眼睛中揉不進一粒砂子的人。

林先生目前的妻子正是這麼一個嬌小美麗的女人，生有兩個兒子，母子住在美國西部的華宅中，幫林先生看守家業。

而林先生在第一次婚姻中，育有一女，寄養在林先生的姐姐家中，姐夫是公教人員，生活清苦，林先生雖資助其購買房宅，但看在自己的眼中，女兒還是生活並不富裕的。女兒聰明才智超群，目前就讀一流的學府。林先生很自得的說：『有這個女兒真是很滿足了！她就像以前的我，成績總是那麼好，樣樣都是第一名！』而比較起來，美國的那一對兒子，頭腦簡單，四肢發達，每天只知道玩，都被其母親慣壞了，林先生內心常覺得有一絲隱痛，笨人都在享福，聰明有能力的人卻在受苦，實在太不公平了。

林先生也曾和妻子商量，要把前妻先的女兒接到美國同住，但是為妻子斷然拒絕。並揚言：有她就沒有我！

現在女兒即將高中畢業，林先生欲將她送至美國留學。妻子的冷峻讓他寒心，因此才想了卻這段婚姻，多補償女兒一點。

我對林先生的建議是：

❶ 目前林先生會產生對事業、家庭問題放棄的念頭，主要是正在走『天同運』程的關係，『天同運』比較慵懶，做事不起勁。等到子年走『武府

運』時便會忙起來，接下來的日月、火星運程及『鈴貪格』的運程，人隨運走，想不忙都不成。因此在這個『天同運』程時先別忙著做任何決定。況且『天同運』時，流年夫妻宮又恰逢右弼、祿存這個運程，是很容易離婚的。離婚時對人的殺傷力很大。但結果了婚姻對事實真的有幫助嗎？

對女兒真的能補償了嗎？林先生這麼忙，難道真的能照顧到女兒了嗎？而且女兒大了，有她自己的前程和天地，現在女兒的年紀似乎與小時候需求的不一樣了。再過兩、三年她便會擁有自己的戀愛，更可能會擁有自己的家庭。到時候林先生會發現只不過是又毀了一個家庭而已。另三個母子的問題是不是又將成為林先生未來補償的目標了呢？

❷

林先生的女兒一直和姑姑、姑丈住在一起，由他們撫養長大。姑姑無子女，將之視為己出，因此感情親密。我一直認為：一個小孩子生長在『有愛』的家庭中，比生長在富豪之家，天天過孤單寂寞的日子幸福得多。因此林先生縱有不忍，也不應剝奪了女兒幸福的感覺。況且女兒在年紀稍長一點，考取留學，順理成章的出國留學，對她自己的適應環境的能力方面，與自我照顧和人際關係處理方面都會更具圓融的能力。而不必現在立刻將她投入另一場家庭紛爭之中。這樣對大家都是沒有好處的。也很可能會毀掉女兒的前程與幸福，或者會將她造就成憤世嫉俗，永遠覺得不公平的境地之中。

另一方面我也發現林先生的以彌補女兒為由，想和目前的妻子分居。實際上是在內心深處做比較，新人不如舊人好。對能生出和自己一樣出類拔粹的女兒的第一任妻子，還是懷有無限思念之情。雖然當時她做錯事情，欠下賭債，但是事隔十八年了，一切也雲淡風清了。這也印證了右弼星在感情方面的特質，感情容易有困擾，最懷念初戀情人，永遠念念不忘！我也可以這麼斷定，林先生真正想離婚的原因，也並不全然是為了要彌補女兒，當然會有另一種愛情情愫在發酵使然了。不過呢？只要過了這個流年運程，到另一個流年運時，也可能就不會再這麼執著、這麼想了。

第六章

如何讓『父母運』『兄弟運』飆起來

◇◆ 『父母運』和『兄弟運』是我們出生時便可擁有的『貴人運』。倘若此運有傷或不完美，亦可用流年運程將其增進改善。

紫微面相學

怎麼看人？看人準不準？
關係著你決策事情的成敗！
『面相學』在我們日常生活中
應用甚廣，舉凡人見面時的第
一印象，都屬『面相學』的範疇。
紫微命盤中的命宮坐星，都會
在人的面貌身形上顯現出來。
法雲居士教你一眼看破對方個性
的弱點，
充分掌握『知己知彼』的主控權！
看人過招**300**回！
招招皆『贏』！『順』！『旺』！

第一節　如何使『父母運』飆起來

何謂『父母運』？

『父母運』就是和父母相處的關係。父母是養我們、育我們的貴人。在命格裡，父母宮好的人（有吉星）就具有『父母運』。難道父母宮不好的人，就沒有『父母運』了嗎？那倒也不一定。父母宮不好的人，是比較和父母不能溝通。有時候是父母太固執、太權威。有時候也是你自身的問題。是不是你個性太剛強了？無法接受他人的意見？父母說的話，你一點沒聽進去，也沒真的去用心思考過呢？

和父母相處不算和諧，但又沒有大磨擦的人，還有另一種情況出現。那就是你的命宮屬性和父母的命宮屬性不一樣，而造成性格上的差異，或是價值觀不一樣，亦或是思考事物上的想法思路不一樣所致。

有一位太陰坐命的女孩，總覺得她的母親對她很冷淡，有時候很想與媽媽親近，但總不敢靠近她身邊。她總是眼看著媽媽與姐姐、妹妹很親密、相互嬉笑，自己總是個局外人似的，內心非常沮喪。有一天她來找我，希望能找出答案。

我發現這位女孩的母親是破軍坐命的人、父親是廉破坐命的人。她的姐姐是機梁坐命的人。妹妹則是陽梁坐命的人。問題就顯現出來了！

母親是破軍坐命午宮的人，子女宮是天同星。父親是廉破坐命酉宮的人，子女宮有同陰相照。可見他們一定會有乖巧聽話的小孩，而且以女孩子較多的情況。父母的命宮裡都有相同的破軍星，因此他們在思想上、價值觀念上，處事方法上都非常相合。他們會有很快的速度感、積極奮發的衝動力、做事乾脆、花錢也乾脆、不喜歡拖拖拉拉。喜歡交朋友、個性堅強、頑固，但在某些事物上伸縮的尺度也很大。而且這對父母的身宮都落入官祿宮，他們是以事業為人生最大目標、第一順位的人。他們不喜歡哭哭啼啼的失敗者，不喜歡模稜兩可的答案，更不喜歡做事慢吞吞或沒有事業心的人。

這位太陰坐命的女孩，命宮坐在卯宮居陷。是個感情細膩，喜歡多想，而且是喜歡胡思亂想的人。小時候就愛哭，像個受氣包。太陰居陷坐命的人，速度感較慢。做任何事一定要磨很久，想來想去拿不定主意。這種性格和父母都不相同，因此很難和父母進入良好的溝通模式，因為父母很容易就會對她的緩慢而覺得笨拙，變得不耐煩了。

而女孩的姐姐是機梁坐命的人。機梁坐命的人，本身就很聰明，有智謀，很知道閃躲不悅的時刻。而她的朋友宮裡就有破軍這顆星。雖然父母宮裡是紫殺，父母會對他們很嚴厲，但有時候也能像朋友一樣聊聊天。妹妹的命宮是陽梁坐命。天生開朗的好性格，做人不計較得失，又喜歡照顧人。她的朋友宮也是破軍星，和父母有了共通點。雖然父母宮也是七殺星，父母對她很嚴厲、愛管她。但是陽梁坐命的人，並不會因此而沮喪，而可以和父母說笑自如、相處和諧。因此我們可以瞭解自己命宮主星居旺時，雖然父母宮有煞星存在，情況也並不嚴重。尤其是命宮中有天梁、太陽居旺星曜的人，一點也不畏煞星相剋的問題了。

而太陰陷落時，本來太陰星的光度便不強，陷落時根本無光。因此這位女孩總是畏畏縮縮的躲在人後，不夠大方，表達能力也不好。也因為財星陷落的關係，做事時常斷斷續續也賺不到什麼錢，一付失敗者的樣子。父母看到她總是擔心，也沒有方法幫助她。

我建議這位女孩，利用精算流年的方法來改善與父母的關係，與開拓事業的時機。目前她已和姐妹共同開了一家泡沫紅茶店，生意很好，和父母的關係也親密了。

首先我把這對父母的性格分析給這位女孩聽，告訴她與父母的分歧點，是在星座中星曜的動感節奏不一樣。破軍主動、太陰溫和，星曜屬性不同，因此在思想上的思路方式也不一樣。女孩太保守、父母很積進。做事方法有太大的差別，常會引起不快。也告訴她父母喜歡的是什麼，不喜歡的又是什麼？既然摸透了個性，對症下藥就很容易了。

其次，選擇女孩自己流年父母宮在吉星居旺的時候，做一些父母喜歡的事，讓他們高興，他們自然會覺得這個女兒懂事了，而受感動。在流年父母宮逢煞星或主星陷落時，宜出外工作，不要和父母起磨擦，自然萬事吉祥。

我們也常會聽到一些朋友談起，在某些年與父母常起衝突，在某些年又與父母感覺親密，這完全是你在行運流年父母宮時，運逢弱運或旺運的問題。只要明瞭其中的原因，你就可放開胸懷，不要太計較了。

『父母運』對我們的影響也很廣。父母宮同時也是看與上司、老闆的關係，與師長的關係，是一種『長輩運』的關係。

『父母運』可以是『主貴』的格局

在父母宮中有天梁星居旺的人，若在對宮或三合地位有祿星，文昌、太陽星相照或拱照的話。此人有完整的『陽梁昌祿』格。就像是武相坐命的人，廉相坐命的人、天相坐命巳、亥宮的人，都可能有這種好命機會。而紫相坐命的人，因為『父母宮』的天梁是陷落的，而紫相在辰宮時，其太陽星也落陷的關係，參加考試還是很有機會，但在升官上缺乏貴人星和運星居旺的助益，因此是比較沒有太大希望的。

『運星』在父母宮所具有的影響

父母宮中有太陽星時

『運星』中包括太陽、天機、貪狼等星。太陽居旺在父母宮時，表示與父母感情親密，父母是個對人熱誠、開朗、坦白、沒有心機的人。你與父親的感情特別好。父親也特別具有權威性。當太陽居陷在父母宮時，你與父親有隔閡，父親也許是個不愛表達或表達能力不好的人。若太陽落陷再與羊陀、火鈴同宮的人，很可能幼年便與父親分開，父早逝，或自己被送與他人寄養。每當流年、流月行經父母宮時，境況也不好。

父母宮中有天機星時

父母宮中有天機居旺時，父母是特別聰明、情緒善變之人。而且對玄疑性的事物特別有興趣。此時你是空宮坐命在巳、亥有廉貪相照的人。太聰明又善變的父母把你訓練成凡事無所謂的態度，前途並不一定好。

父母宮中的天機居陷時，你是破軍坐命子、午宮的人，和七殺坐命辰、戌宮的人。因為和父母處不好或父母之一早逝，所以很小便離家打拚，你們的性格剛毅，在外面會打下一片天地來。而讓你受益良多的就是外面世界的社會大學，若天機居陷再加羊、陀、火、鈴，在父母宮時，很可能幼小時被遺棄，由他人養大。

父母宮中有貪狼星時

父母宮中有貪狼星時，貪狼雖是好運星，但在六親宮裡都以煞星的姿態出現，使人和親屬的關係惡劣。貪狼星不論旺弱，出現在父母宮時，都會和父母發生溝通不良的問題。父母是固執、唯我獨尊的人，聰明、思想和行動很快，根本不會讓你有發表意見的機會。若貪狼居陷，又有羊、陀、火、鈴相照或同宮的人，是天生的養子命，會早年便與親生父母無緣了。而養父母也依然會是個唯我獨尊的人，因此這個養子命運並不好。

『財星』在父母宮所具有的影響

財星中包括有天府、武曲、太陰等。七殺也算是一顆財星。是辛苦勞動所獲的財。

父母宮中有天府星時

天府星在父母宮時，和父母的感情深厚，從小便能得到父母的良好照顧，而且一輩子受父母的恩澤很大。父母的錢財充裕，很重視子女的教育環境。

天府在父母宮的人，是擁有最佳『父母運』的人。父母多半是公教人員，例如天機坐命丑、未宮居陷的人，會擁有紫府雙星在父母宮內。他們一生會擁有地位高又富有的父母，雖自己一生起起伏伏，但都會得到父母一輩子的照顧。天機坐命丑、未宮，若再有羊、陀、火、鈴等同宮的人，會有殘疾現象，可是有很好的『父母運』，一生仰賴父母更多。

父母宮中有武曲星時

武曲星在父母宮時，此人的父母多半是軍警職的高官或生意人。其父母具有堅強的個性，很頑固、固執、為人信守言諾，財力特佳。武曲星在旺位時，父母雖然剛直，愛講規矩、一板一眼、但是與子女的親和力很好。與子女相處很愉快。武曲財星居平陷時，例如父母宮是武殺的人，是『因財被劫』的格式，父母親工作很辛苦又賺不到什麼錢，養小孩也很辛苦，與小孩的緣份也薄了。此種命格的人，是同梁坐命的人。同梁坐命的人有好強的脾氣與四海為家的個性。此種命格的人，在很多眷村長大的小孩身上會看到。父母是軍人，小孩小時候便混幫派，而同梁坐命的人正是這種四海性格，又容易受環境影響，而走黑道的人。

再例如父母宮是武破的人。也是『因財被劫』的格式。父母親常有離婚、破產，或根本賺不到錢，生活很拮据的情況。此種命格的人，是天同坐命辰、戌宮的人。天同福星居平陷之位。雖然人的個性一樣是溫和而逆來順受，但破碎的家庭和生活上不富裕，讓此人在生長環境裡倍嚐艱辛，與父母的緣份也不好。

武府在父母宮時，父母會是個對金錢敏感而計較的人。他們個性剛直、一板一眼，可能在財經界工作，或是做公教、軍警人員，有很固定、高收入的薪資、子女的生活富裕。此種命局的人，是天同坐命巳、亥宮居廟位的人。他可以得到父母的良好照顧，也會擁有較高的學歷。天同是福星坐命，在巳、亥宮時，因對宮有陷落的天梁，反而能激勵成為有用之人。他們一生與父母情深義重，是極好的父母運的人。

父母宮中有太陰星時

太陰在父母宮時，必須居旺，才會有很好的『父母運』。而且一生受母親的恩澤較大，與母親的親情較濃厚。像廉府坐命戌宮的人，其父母宮是太陰居『亥』。和母親的緣份最好。母親也能帶財給子女，也給他最好、最溫柔多情的生活環境。

太陰居陷在卯、辰、巳宮為父母宮時，財星陷落，與父母緣份不佳，有相處上的困難，母親也容易有早逝的情況。這種命局的人則是紫府坐命寅宮的人、天府坐命卯宮的人、廉府坐命辰宮的人。他們比較享受不到父母溫柔多情的對待，而且幼時生活環境經濟能力較差。

父母宮中有七殺星時

七殺星是財星也是煞星，在父母宮時，情況並不好。父母會忙於工作賺錢，對子女疏於照顧。總是有問題時才與子女溝通，有時候為時已晚，而子女也不會聽父母的話，彼此相處常有磨擦。而且父母對子女的要求高，並且嚴厲，彼此溝通上有困難。有此命局的人，都是命宮中有天梁這顆星的人，例如天梁坐命巳、亥宮的人、陽梁坐命的人等等。

此外，天梁坐命午宮的人，父母宮有廉殺雙星，父母最好從事軍、警職，較會與子女的刑剋少一點。其父母是一個性格保守、頑固、對錢謹慎，辛苦勞碌、智力平庸的小公務員。

機梁坐命的人，父母宮是紫殺，父母是辛勞奔波、地位高的人。機梁坐命的人，很聰明有智謀，因此和父母的關係難不倒他，雖常被嘮叨，但也很會應付，不會產生太大的衝擊。倘若有羊、陀、火、鈴和紫殺同宮在父母宮中時，會有父母不全的狀況，父母也不好相處。

天梁坐命巳、亥宮的人，父母宮有七殺星。你的父母是喜愛掌權、管教你很嚴的人。他們的想法和你的差異很大。本身天梁在巳、亥宮居陷，所受到的照顧就很少，再加上不能溝通，因此你在年輕時便會離開父母，在外面自立。父母宮中再有七殺和擎羊星、陀羅星同宮的人，父母很任性、固執，讓你很頭痛懼怕，你一生和長輩之間的關係也很糟糕。

『福星』在父母宮所具有的影響

福星是指天同、天相兩顆星。當父母宮有天同星居旺時，你的父母是溫和慈愛，世故且圓滑的老好人，你和父母的緣份極佳。他們一生只會對你付出而不會要求你。這種好命的人，正是破軍坐命辰、戌宮的人。同時父母也給『破軍坐命辰、戌宮的人』無限開展的前途。父母宮的天同居平位時，父母依然溫和，但是有點勞碌。你們的父母多半是公務員，或者是做小生意的人，一生有很充裕的時間與子女相處，情況和諧。

父母宮有同巨雙星的人，是貪狼坐命子、午宮的人。你常和父母起口角，父母是個愛嘮叨的人。雖然你也知道他們是為你好，但是仍免不了要逃走躲避，因此你會隔一段時間才回家和他們團聚，以減少磨擦。

天相在父母宮時，天相居旺，你會有勤勞、肯吃苦、任勞任怨、對人和善、喜歡照顧人的父母。當然對你的照顧也很好。有這種命格的人，是巨門坐命子、午宮的人，巨門坐命巳、亥宮的人。你們都會和父母情感親密，一生得到父母的金錢資助和生活中的照顧。

父母宮中是紫相，此為機巨坐命的人，你們雖然有良好的家世背景，但你們本身是破盪命格，家中會有變故，而得不到家中的援助和父母的照顧，你們會年輕時便離家打拚，白手起家。唯一得到父母恩惠的是遺傳的『上等人性格』。

父母宮中的天相居陷時，你的父母身材較矮，但依然是溫和慈愛的人，只不過對你的金錢幫助較少而已，精神上的鼓勵還是不差的。這種命格的人，是陽巨坐命的人。你們有開朗、口才好的特質，並不會計較自己是不是出身富貴之家，或是父母該拿多少錢來幫助你。因此你與父母之間仍是溫馨親密但常絆嘴的關係。

『煞星』在父母宮所具有的影響

煞星包括七殺、破軍、貪狼、擎羊、陀羅、火星、鈴星、地劫、天空等星。巨門是暗曜也算煞星之一，由其在父母宮也是不算吉星的。

父母宮中有『殺、破、狼』格局中任何一星入宮。父母宮就是坐在『殺、破、狼』格局之上。你的父母宮、子女宮、僕役宮也都處在『殺、破、狼』格局之中，形成一個三合宮位。很顯然的，你這三個宮位都有問題，裡外都不和，對你心情上影響很大，也影響了整個人生的成就。

父母宮不好的人，有煞星存在時，此人幼年很辛苦，很可能少年便離家。子女宮不好的人，與子女緣薄，老年寂寞。朋友宮不好的人，一生都有寂寞感，而且容易憤世嫉俗，找不到與人相處的方法。在人生與事業上很難得到助力。況且此三宮坐在『殺、破、狼』格局上的人，都有遺傳上的問題。因為父母是生我們的人。子女是我們所出的人，此三宮都有煞星相互照應。子女必定少而難養。

◎七殺星在父母宮的問題，在前面『財星在父母宮所具有的影響』中已經談過，現在來談破軍星在父母宮所具有的現象。

父母宮中有破軍星時

◎破軍在父母宮時，與父母相處並不和諧。父母親之間感情不和，而且有離婚的現象。家庭破碎，成為單親家庭，你可能只會和父母之一共同生活。而共同生活的父親或母親也常有性情多疑，做事沒有原則，喜怒無常，事業上起伏很大等狀況。這也同樣影響你會在驚懼中過日子。父母宮中有廉破的人，父母結婚、離婚的次數很多，你也有無法和父母共同生活的情況，你可能由別人養大。這是坐命在寅、申宮為空宮，有陽巨相照的人。

父母宮中有武破的人，是天同坐命辰、戌宮的人，父母有經濟狀況不佳，會離婚的情況，你幼年的環境很差。

父母宮中有紫破的人，你是天機坐命子、午宮的人，父母雖然是你一生的貴人，但你和他們仍然處不好，是非很多。

父母宮中有貪狼星時

◎貪狼星在父母宮時，你會和父母的緣份很淺，在一起會爭吵無寧日，你會很早離家發展。父母是喜歡挑剔你的不是的人。你們的思想模式和做事方法都不一樣。父母的個性強悍、思想與行動快速，很難溝通。你多半選擇離家一途。

父母宮中有紫貪時，你是機陰坐命的人。你的父母對你很愛護，但他們的想法和表達方式，讓你不能接受。你本身是個敏感情緒、容易波動的人，因此你會躲避而不去溝通。

父母宮中有武貪時，你是同陰坐命的人。你的父母是有堅強意志和性格的人，他一定要把你造就成他所認為的頂天立地的人。同陰坐命的人是溫和、不喜競爭的人，因此在對事務的看法和情感上認定不一樣，故而無法溝通。

父母宮中有廉貪時，你是太陰坐命辰、戌宮的人。你與父母從小便不合，父母是個本位主義較重，較自私的人，他們也有內向、人際關係不好的狀況，你根本不會聽他們的話，年輕時便離家，不願意回去了。你的父母也是情感不和，有離婚現象的人。因此家庭問題也是你一生所要面對的問題。

倘若父母宮中有廉貪和羊、陀、火、鈴、空、劫同宮時，你和父母的緣份淺，可能一生都難再相見，不是父母早亡，就是你離鄉背井的離開，沒有再回來見過父母。

父母宮中有巨門星時

◎父母宮中有巨門星時，你與父母常有爭執，而且父母親彼此之間的關係淡薄常吵架，讓你看在眼裡，久而且之也與他們情感淡薄了。而你的父母會在物質生活上要求很嚴。他們可能對自己較放任，而對子女較剋刻，對你們在管教上也很嚴厲對待。此種命格的人有紫貪坐命的人、廉貪坐命的人和貪狼坐命辰、戌宮的人。其中以父母宮的巨門居旺的人，稍好一點，父母嚴厲的教誨對孩子有益。父母宮巨門居陷的人，問題會比較嚴重。和父母的關係惡劣，多遭打罵，也可能會被過繼給人做養子。若巨門與羊、陀、火、鈴、劫空同在父母宮的人，會有父母不全的狀況。

父母宮中有擎羊星時

有擎羊星在父母宮的人，是被父母所嚴格管制、剋制的人。是父母剋他，讓此人害怕、頭痛，想逃避。此命格的人，在生長環境中也不算順利。倘若擎羊星是和吉星，如紫微、天府、太陰居旺、天同、天相等星同宮時，父母只是讓你頭痛懼怕的人而已。你不太喜歡和他們溝通。若父母宮的擎羊星和七殺、破軍、巨門、陀羅、火鈴、劫空等煞星同宮時，你的父母之一，必有一位身體不佳，有刑傷、及有生離死別之憾事。因此及早離家自立，會對彼此的關係和處境有改變。

父母宮中有陀羅星時

有陀羅星在父母宮的人，父母是個心胸沈悶、自苦，有話不直說的人，可能一生有很多不順利的事，也會讓你在生長環境裡遭受到不好的影響。你與父母的感情不佳，父母可能從小便把你送與別人養。尤其是父母宮有日月和陀羅、火鈴、劫空同宮的人，你可能會被轉賣或轉送了好幾次，生長環境不佳。

父母宮中有火鈴、劫空星時

有火星和鈴星在父母宮的人，與父母感情不合。父母的情緒暴躁，而且父母中，有身體欠佳者。若火鈴和破軍、巨門同在父母宮的人，必會為人養子，成長環境不佳。

有天空、地劫在父母宮時，此時若是父母宮為空宮，有劫空入宮的人，會有為人養子或父母雙亡的情況。也可能會在孤兒院中長大。生活環境很差。若空劫與吉星如紫微、天府等同在父母宮的人，只是和父母的感情常有某段時期很冷淡。

若劫空與煞星如七殺、破軍等同宮時，有父母雙亡，或一方早逝之憾事。生活環境不理想。

『化權、化祿、化科、化忌星』在父母宮時所產生的影響

化權星在父母宮所產生的影響

有化權星在父母宮的人，多半會擁有固執己見的父母，而且會重視父權或母權的權威與地位。不容許別人討價還價的與他談條件，說一不二。因此表面看起來很難溝通。但是父母宮裡的化權星若是跟隨主星居旺的話，用溫柔圓滑的手段，好言相勸，還是會勸得動他們的。

◎甲年生有破軍化權在父母宮的人，與父母的感情不佳。父母固執、衝動、沒法子溝通，他們也會喜怒無常，你拍馬屁時最好先算好時辰、看好風向、要不然他們可能會對你破口大罵。

◎乙年生有天梁化權在父母宮的人。父母的權位高，他們也會極盡其能事的照顧你，讓你擁有高學歷、好的生活環境。若天梁居陷化權時，你可能只擁有固執、頑固的父母，對你幫不上忙了。

◎丙年生有天機化權在父母宮的人，你的父母很有改變別人、操縱別人的權利慾望。倘若天機在子、午宮化權時。你的父母對你有正面的影響，對你生活的環境和事業有幫助。倘若天機居陷化權在父母宮的人，父母的頑固會造成你與父母的隔閡，你可能會離家不想再回來。

◎丁年年生有天同化權，在父母宮的人，你的父母是溫和、慈愛、又有主見的人，他始終都有辦法讓你乖乖聽他的話。他也會在很多事情上幫助你，成為你最好的貴人。天同居平陷位置時，再加化權在父母宮的人，父母會帶你參加很多遊藝活動讓你玩得很開心。但是對你在事業和金錢上的幫助比較少。

◎戊年生有太陰化權在父母宮的人，你的母親對你有極大的影響力。她會對你處處關心、有點嘮叨。太陰居旺化權時，你會對母親的關懷欣然接受，包括自己喜歡與不喜歡的全然接受。並且你對賺錢的本事很有一套，時時掌控賺錢機會。你也很會存錢，金錢運非常的好。太陰居陷化權時，你對母親的關懷嘮叨覺得厭煩置肘，沒法子接受，有時甚至於覺得母親是在和你處處作對。金錢運也常不佳。

太陰化權無論在那一宮位出現，居旺時，你和女性朋友的關係都非常融洽和睦。並且在女性朋友中說話有份量，掌有對女性朋友的主控權。居陷時，你和女性朋友相處不和諧，你會成為頑固不好說話的人，讓人覺得你脾氣古怪，難相處。

◎己年生有貪狼化權在父母宮的人，若貪狼在廟旺之地，你是俱有極大暴發威力的人，可以在錢財上暴發，成為大富翁。你一生都好運連連，時常有偏財運。在人緣關係上你也掌有最佳主導權的人際關係。所有的人看到你即被你特殊的個性所吸引，立刻表示友好建交。因此你的朋友很多，盛況空前。但是你有自己的自傲，對朋友的選擇很謹慎，你比較喜歡和地位高且掌權的人交往。你與父母都是極端驕傲的人，彼此頑固，不願意溝通，雖然和外界朋友的關係很好，但在家裡都是水火不容。這是非常可惜的。貪狼居陷化權時，在外的人際關係很壞，有化權更增加壞的速度，你在說話上很自大傷人，只要一句話便能解決所有的人際關係。好運也不再出現，與父母的關係更是惡劣至極，人生中常有不順的事情發生。

◎庚年生有武曲化權在父母宮時，若武曲在廟地的人，你的父母不是軍警高官，便是賺錢很多的生意人。有武曲化權時，你的父母對你在金錢方面有很大的控制力。而你也會擁有很大威力的暴發運，而這些爆發力量，大多會來自父母之處。在你一生裡會擁有極大的財力。父母對待你的態度是很直接、很直爽、很權威、很重信守言諾的方式。但是他們同時也是頑固得可以了。你必須明瞭他們思想模式，否則你沒有充分的理由是無法和他們溝通的。

武曲居平陷化權時，必和七殺、破軍同宮，你的父母親必是軍警人員中主管階級的人。他和你相處的時間不是很多，但見面時情況也不好，只會訓人，彼此緣份很低。這是『因財被劫』的格式，化權為無用。只增頑固凶煞之氣而已。

◎辛年生的有太陽化權在父母宮的人，太陽需在旺地，化權的威力會極大。你的父親對你有極大的影響力，他會處處使用權威使你聽話。也會在適當的時候幫助你。你與父親的關係親密，你會很尊敬他。在流年、流月、流日、流時運逢太陽化權時，你對男性長輩、男性朋友、男性下屬等，一切男性具有掌控權，說話有份量，請他們幫忙做事，沒有不成功的。

太陽是運星，加化權，在流年、流月中極能掌握好運增貴，同時在『陽梁昌祿』格裡，它也是在升官、考試上可以發展出極優異表現的好運道的。

太陽居陷化權時，在父母宮，你對父親有些懼怕。父親說的話你不一定聽。此時化權星也居弱位。你的父親依然是頑固而沒法子溝通的人，你們的親子關係不佳。你在男性社會的競爭力常因你個人的固執而功虧一潰。唯獨在考試運中，還有一點稍強的主貴好運力量，在升官運上有助益但不強。

◎壬年生有紫微化權在父母宮的人。你的父母對你無微不至。你與父母的關係融洽快樂。雖然父母對你很有權威，但是你會甘願聽其主導每件事情，你真是一個享福的人。

◎癸年生有巨門化權在父母宮的人。你的父母是對你極端嚴厲又具有口才上的優勢地位的人。在你與他們的爭執中總是佔有主導地位。父母又是最會指使你去做事的人。巨門居旺化權時，你與父母的關係不好，但也能勉為其難的勉強去做。巨門居陷化權時，你與父母的爭端多，他們常為你帶來災禍是非，讓你很痛苦。

化祿星在父母宮所產生的影響

有化祿星在父母宮的人，父母多半是有一些資產的人，而且父母的人緣好、人際關係流暢。你與父母的感情親密。主星是財星居旺者最佳。你的父母不但有錢，而且是最會運用交際手腕、做事通情達理，也是最會見風轉舵之人。主星是財星陷落時再有化祿，父母是喜歡自作聰明、自以為圓滑，卻不被認同的人。

◎甲年生有廉貞化祿在父母宮的人。你的父母是很重精神享受的人。他們不是對藝術、搜藏有特殊興趣的人，就是對情色之事有興趣、外遇很多的人。因此有廉貞化祿在父母宮的人，家庭都不和諧，親子關係很疏離。

◎乙年生有天機化祿在父母宮的人，你的父母在財務和工作上很不穩定，常有起伏。天機居旺化祿時，你的父母還很照顧你，對你無微不至。你的父母非常有好奇心，對你的教育方式會採用極新潮的方式。對你的態度也比較放任。

天機居陷化祿時，你的父母對你的態度大體上都不好。只有在偶而一、二次高興時，才會對你好一點。

◎丙年生有天同化祿在父母宮的人。你的父母極可能是公務員。父母對你情深義重，無限憐愛，把你照顧得無微不至。你與父母的感情親密。天同居平化祿時，你與父母的親密度略減，偶而有是非，但很快會遇去又和好了。

◎丁年生有太陰化祿在父母宮時，太陰居旺化祿時，你與母親情感深厚，母親會給你許多金錢花用，也會處處為你著想，一心對你好。太陰居陷化祿時，你與母親的情感時好時壞，但最後都會和好。可是母親對你的助力不大，也不太用心為你著想。你與其他女人的關係也同樣是這麼存在著。

太陰居旺化祿時，你的私房錢很多。母親會為你保管生利息。太陰居陷化祿時，你的金錢運起起伏伏，最後能打平。

◎戊年生有貪狼化祿在父母宮時，你的父母喜歡交際應酬之事，他們工作的方式也是與應酬、酒色有關的行業。你與父母的關係是注重表面友好，而不實際裡溝通的關係。

◎己年生有武曲化祿在父母宮時，你的父母是很會賺錢的人，他們對你喜歡用金錢控制的方式來約束你。武曲居廟化祿時，你的父母很富有，對你很直接的付出愛心。武曲居平陷化祿時，你的父母只是小康局面的人，對你只是口惠而不能在金錢上給你幫助。你們的情感不算是真好，而且時有刑剋。

◎庚年生有太陽化祿在父母宮的人，你的父母非常有博愛心、對你的愛永無止盡，不求回報的投入方式。太陽居旺化祿時，你與父親特別親密。你也會在男人世界中人緣特好。太陽居陷化祿時，你與父親之間，只有在有事情發生時會同心同德。你們雖互相關懷，但平常並不表現出來，也不夠親密。你亦會在男人的世界中只是做幕後工作，而得到男性、長輩、朋友和同事的讚賞。表面上你和他們的關係不深。

◎辛年生有巨門化祿在父母宮的人。你會有利用口才交際的父母，而他們多半從事利用口才做生意的行業，例如教師、拉保險、業務員、仲介人員等等。你的父母很會講話。當巨門居旺化祿時，你的父母很會用說的把你哄得團團轉。讓你知道他有多愛你。當巨門居陷化祿時，你的父母與你口角多，但他們還是能佔優勢、愛管教你。此時你與父母的關係你時好時壞。

◎壬年生有天梁化祿在父母宮的人，若天梁居旺，你會有很好的『貴人運』，且會為你帶財來。你的父母極端的照顧你，一切都會替你打點好。你所有的長輩級，年紀比你大的朋友都會照顧你，你也對晚輩很有愛心。天梁居陷化祿時，你的父母、長輩、比你稍長的朋友，對你只是表面很好，但沒有實際助力。

◎癸年生有破軍化祿在父母宮的人，你的父母若不是在軍警機構中做財務工作，亦可能在傳播界任職。他們是個性豪邁、喜歡交朋友之人。但與你的感情時好時壞、並不穩定。

化科在父母宮所產生的影響

有化科星在父母宮的人，都有喜歡文藝、做事能力強、氣質較好的父母。而且父母凡事都很講道理，對子女不會大聲斥責、動粗。父母在事業上也會有很穩定、名聲很好的工作，成就不錯。你與父母之間的感情也是融洽和諧的狀況。

◎甲年生有武曲化科在父母宮的人，你的父母不是在軍警職中任文職工作，便是在金融行業任職。武曲居旺化科時，你的父母是耿直正派的人，與你的關係和諧，你們彼此會在一個傳統的方式下相處愉快。當武曲居平化科時，必是武殺或武破同宮，你與父母的關係不好，父母較窮，有點氣質，但不會賺錢。並且你們的關係只重視表面的功夫，但私下卻相互排斥。

◎乙年生有紫微化科在父母宮的人，你的父母有高地位、名譽好的工作環境而且工作績效好，心情很穩定愉快。他對你也有很高的期望，會很細心的照顧你。你們彼此是情感交流親密的最佳父子檔。

◎丙年生有文昌化科在父母宮的人。若文昌居旺時，父母是高學識、高修養、氣質佳，而且非常精明世故的人。同時你也很可能擁有『陽梁昌祿』格，在考試讀書、升官主貴方面有特殊的機運。你與父母的感情很平和而講道理。文昌居陷化科在父母宮時，你的父母外表長得不算文雅。也不夠精明，他們無法做計算及會計方面的工作，在記帳方面的能力很差，粗重類型的工作比較適合。你與父母的感情不很親密，須要加強。

◎丁年生有天機化科在父母宮的人，你的父母一定是個普通的上班族薪水階級的人。天機居旺時，父母的聰明才智很能發揮。你與父母的感情隨運氣而變化。天機居陷化科時，父母的工作問題重重。而且你與父母的感情很冷淡不佳。

◎戊年生有右弼化科在父母宮的人，你的父母很熱心，喜歡幫助人，做事也很有一套，喜歡為人著想，很體貼別人。你與父母見面的機會不多，你很可能是和祖父母或奶媽、親戚帶大的。因此小時候你與父母的感情不如一般的父子親密，長大後較親密。

◎己年生有天梁化科在父母宮的人，若天梁居旺時，你有極好的『貴人運』。父母對你照顧無微不至，父母是寬大胸襟、穩重、氣質佳的人。你與父母的感情深厚。若天梁居陷有化科時，父母對你的照顧不算周到。你也與父母之間的感情平淡、不強烈。父母也是性格溫和、氣質佳的人。你可能很年輕便離家。

◎庚年有天同化科在父母宮的人，天同居旺時，你的父母是溫和、美麗，有文藝氣息的人。喜歡超俗生活，做人也圓滑世故，好脾氣，什麼事都會答應你。你與父母的感情溫和而親密。天同居平化科時，你的父母很喜歡休閒娛樂，且在這方面有專長。他們生活穩定，喜歡吃喝玩樂的事情。

◎辛年有文曲化科在父母宮的人，文曲居旺時，你的父母口才很好，特別喜愛利用口才來工作，並且他們很有表演的天份，在表演及口才方面可以發揮所長，可成為演藝界人士。文曲居陷化科時，你的父母在口才方面很樸拙，無法發揮才藝，但在相貌上較端正俊俏，氣質不錯，你在流年、流月逢到文曲居陷化科時，也會有口才笨拙、話少，言語表達有瑕疵的狀況。

◎壬年有左輔化科在父母宮的人，你的父母與你見面的機會不多，他們不是在外面長久的工作，便是把你寄養給別人。父母在工作上有好的表現。你與父母的緣份不強。當你自己在流年、流月中行經左輔化科時，可以在辦事能力上增強。若父母宮的對宮疾厄宮有吉星時，你在流年、流月運程中會有升遷上的喜事。此『左輔化科運程』對考試、婚姻仍是不利。

◎癸年生有太陰化科在父母宮的人，若太陰居旺化科時，你的父母是相貌美麗、溫和文雅、有高雅的氣質，從事於文藝、研究工作。多半會是公務員、作家之流。因為父母宮即坐在『機月同梁』格上。父母的財運不錯，是小康局面的人。若太陰居陷化科時，你與母親之間有隔閡，母親是氣質高雅高高在上之人。無法和你溝通。父母的經濟狀況是不富裕的情況。

化忌星在父母宮所具有的影響

化忌是刑星，主嫉妬、是非，在父母宮內主與父母不和，彼此相刑剋問題重重。

◎甲年生有太陽化忌在父母宮的人，不論太陽在旺弱之地，皆與父親不和，與父母無緣。家中多是非。在自己的流年、流月行運父母宮時，會眼目有疾，學業與事業起伏成敗不一。在男性社會中沒有競爭力。

◎乙年生有太陰化忌在父母宮的人，不論太陰旺弱，皆有與母親不和，或與女性朋友、屬下有是非糾纏之狀。太陰居旺時，會有是非，但不算太嚴重，太陰居陷化忌時，是非很嚴重。且與父母無緣，從小生活辛苦。會離鄉背井，事業、金錢運都很差。

太陰化忌在亥宮居旺化忌，稱為『變景』，仍與母親與女性長輩不和，但在工作上會發揮成就。

當流年、流月運逢太陰化忌之宮位時，會與家中女人不和，在外面也與女人多是非、口角、頻惹麻煩，在女人團體中沒有人緣。在錢財收入上有拖延及是非產生。

◎丙年生有廉貞化忌在父母宮的人，與父母不和。其父母可能是注重情慾，易犯官非之人。當行運在此流年父母宮時，父母會生病。而你本人流年、流月行運此宮，也要防犯官非、坐牢之災。四十歲以後，行運此宮時，亦要防病災。

◎丁年生有巨門化忌在父母宮的人，與父母緣薄，巨門居陷化忌時，可能遭父母遺棄或送與他人寄養。一生與親生父母、養父母之間是非糾纏、不清不楚。本人在流年、流月行經此運時，也有頭腦不清、是非糾纏、官非不斷、感情困擾、工作不順等現象。

◎戊年生有天機化忌在父母宮的人，你與父母不和。你的父母是說話不實在、情緒變化非常大之人。你根本摸不清他們在想什麼，在家中常與他們衝突。父母的感情也不佳，彼此憎恨。

你在流年、流月行運此宮時，常有突然發生的變化，或是在是非中愈變愈壞的狀況，讓你應接不暇。財運也極差。

◎己年生有文曲化忌在父母宮的人。父母為臉上有痣或傷疤、斑紋、胎記等記號，喜歡說話，但常常說錯話，常說討人厭的話。父母的表達能力不佳。但卻又愛現，人緣關係很差，常惹是非。你與父母口角多，吵也吵不清楚。你在流年、流月運父母宮時，要小心言語上所引起的是非，少說少錯，愈解釋愈糟。

◎庚年生有太陰化忌在父母宮的人，你與母親有重大心結，無法和睦。父母親都是性情善變，常引起是非口角之人。你在流年、流月的運程逢父母宮時，也會與女性朋友有紛爭，與家中女性不和之現象。而且在財運上也會產生是非不順。

◎辛年生有文昌化忌在父母宮的人，你的父母在工作以外的才華少。精明度不足，往往自作聰明惹是非。你與父母不和，更不相信他們意見。你在流年、流月運逢父母宮時，要小心計算錯誤、公文、契約上的問題。文昌在旺宮化忌時，有才華遭埋沒之苦。

◎壬年生有武曲化忌在父母宮的人。你的父母性格古怪，且錢財上是非很多、糾纏不清。你在流年、流月運逢此宮運程。也要小心錢財上的是非、麻煩。感情、事業都不順利。

◎癸年生有貪狼化忌在父母宮的人。你的父母在面貌和身體上有疤痕、痣或奇異之處，會引人側目，人緣關係差，但會有特殊技藝以謀生。你與父母是非多、不合、溝通不佳、關係冷淡。你在流年、流月運逢此宮，如果有『武貪格』暴發運的人，會因暴發運後而惹是非、血光之災、官非等問題，須要小心。你在人緣關係上也會有問題。

如何讓『父母運』飆漲起來

1. 我們可以利用行運的方式改善或增強『父母運』。也就是說利用流年、流月的行運計算出流年父母宮、流月父母宮來預知我們的『父母運』。在流年父母運、流月父母運逢吉星時，多與父母來往、溝通。用溫和、理性的方式，及多為彼此著想的方式來溝通，會有意想不到的好結果，更能增進彼此的親密感。

下面是十二個命盤格式中最能增加『父母運』的流年時間

(1)『紫微在子』命盤格式的人

在卯年父母宮為廉府、未年父母宮為武相、申年父母宮為陽梁、亥年父母宮為紫微星時，來增加『父母運』，不但能改善、增強了與父母的關係親密，同時和老闆、上司、師長的關係也能夠友好親密。

(2)『紫微在丑』命盤格式的人

在子年父母宮為紫破，與父母關係時好時壞，但仍有好的『父母運』在。丑年父母宮為空宮，有同梁相照，父母溫和、亦可利用。寅年父母宮為天府，是具有親密關係的

①紫微在子

太陰 巳	貪狼 午	天同 巨門 吉 未	武曲 天相 吉 申
廉貞 天府 辰			太陽 天梁 酉
吉 卯			七殺 戌
破軍 寅	丑	紫微 子	天機 吉 亥

②紫微在丑

廉貞 貪狼 巳	巨門 吉 午	天相 吉 未	天同 天梁 申
太陰 辰			武曲 七殺 酉
天府 卯			太陽 戌
吉 寅	紫微 破軍 吉 丑	天機 吉 子	亥

好年。午年時父母宮為天相，未年父母宮為同梁，都是可以增進『父母運』的年份。

(3)『紫微在寅』命盤格式的人

在丑年時父母宮為紫府，是一極棒的父母運，父母會資助你大量的錢財。巳年時，父母宮為廉相，父母為保守好相處的人，午年父母宮是天梁。此年你會得到包括父母、上司、師長、長輩的『貴人運』，生活愉快。申年的父母宮有天同，雖是居平，但父母溫和忙碌，也能溝通。酉年，父母宮是武曲居廟，父母雖性格剛直，但講理，好好溝通，父母會給你錢財利益。這些都是可增加『父母運』的年份。

③紫微在寅

巨門 吉 巳	廉貞 天相 吉 午	天梁 未	七殺 吉 申
貪狼 辰			天同 吉 酉
太陰 卯			武曲 戌
紫微 天府 寅	天機 吉 丑	破軍 子	太陽 亥

(4)

『紫微在卯』命盤格式的人

在子年父母宮為天府。丑年父母宮為機陰，丑年時雖和父母的關係有點陰晴不定，但還是好的時候多，因此可用。辰年時父母宮為天相。巳年時父母宮為天梁。是最佳『父母運』的年份。酉年時父母宮為天同，這些都是可增進『父母運』的最佳流年年份。

(5)

『紫微在辰』命盤格式的人

在子年、父母宮是日月，和母親的情感親密，和父親不和，因此只有一半的父母運。卯年時父母宮是紫相。戌年時父母宮是天同。亥年時父母宮是武府，這些都是增加『父母運』的好時機。

④紫微在卯

天相 吉 巳	天梁 午	七殺 廉貞 未	申
巨門 吉 辰			吉 酉
貪狼 紫微 卯			天同 戌
太陰 天機 寅	天府 吉 丑	太陽 吉 子	破軍 武曲 亥

⑤紫微在辰

天梁 巳	七殺 午	未	廉貞 申
天相 紫微 辰			酉
巨門 天機 吉 卯			破軍 吉 戌
貪狼 寅	太陰 太陽 丑	天府 武曲 吉 子	天同 吉 亥

(6)「**紫微在巳**」命盤格式的人

在丑年父母宮有陽巨，和父母的關係雖然口角多一點，但口角只是和父親容易產生的，和母親的關係會不錯。因此有一半的『父母運』。寅年時，父母宮有天相。卯年時父母宮有機梁，父母能成為你的最佳謀士，給你提出好的意見幫助你。辰年時，父母宮為紫殺，父母很忙碌會給你錢財資助，但對你的要求也很嚴。巳年時，父母宮為空宮，有同陰相照，與父親不和，與母親較好。戌年時父母宮為天府。亥年時，父母宮為同陰。這些都是可增加『父母運』的流年年份。

⑥紫微在巳

紫微 七殺 巳	午	未	申
天機 天梁 吉 辰			廉貞 破軍 酉
天相 吉 卯			吉 戌
太陽 巨門 吉 寅	武曲 貪狼 吉 丑	天同 太陰 子	天府 吉 亥

(7)「**紫微在午**」命盤格式的人

丑年父母宮有武相。寅年父母宮有陽梁。巳年父母宮有紫微星，能幫助你過完不好的巳年運程。申年父母宮行經空宮，有陽梁相照。酉年父母宮為廉府。戌年父母宮為太陰。這些都是可增進『父母運』的年份。

(8)

『紫微在未』命盤格式的人

子年父母宮為天相。丑年父母宮為同梁。卯年父母宮為太陽居旺。巳年父母宮為天機居旺。午年父母宮為紫破。此運程需離家再回去，會有很好的『父母運』。未年父母宮為空宮有同梁相照。申年父母宮為天府，酉年父母宮為太陰居旺。這些都是增加『父母運』的好時機。

⑦紫微在午

天機 吉 巳	紫微 午	未	破軍 吉 申
七殺 辰			吉 酉
太陽 天梁 卯			廉貞 天府 吉 戌
武曲 天相 吉 寅	天同 巨門 吉 丑	貪狼 子	太陰 亥

⑧紫微在未

吉 巳	天機 吉 午	紫微 破軍 吉 未	吉 申
太陽 辰			天府 吉 酉
武曲 七殺 吉 卯			太陰 戌
天同 天梁 寅	天相 吉 丑	巨門 吉 子	廉貞 貪狼 亥

(9)
『紫微在申』命盤格式的人

子年父母宮為天梁，能擁有最佳的『父母運』和『貴人運』。寅年父母宮為天同。卯年父母宮為武曲，此年父母財力好，雖性格剛直，但重言諾，只要好好的講理，溝通會得到好結果。辰年父母宮為太陽。未年父母宮為紫府，和父母的關係非常好。申年父母宮為太陰。亥年父母宮為廉相。這些流年都是可增進『父母運』的好時機。

(10)
『紫微在酉』命盤格式的人

卯年父母宮為天同。巳年父母宮為太陽。午年父母宮為天府。戌年父母宮為天相。亥年父母宮為天梁。這些年份都是可增進『父母運』的

⑨紫微在申

太陽 巳	破軍 午	天機 吉 未	紫微 天府 吉 申
武曲 吉 辰			太陰 酉
天同 吉 卯			貪狼 戌
七殺 吉 寅	天梁 丑	廉貞 天相 吉 子	巨門 吉 亥

⑩紫微在酉

武曲 破軍 吉 巳	太陽 吉 午	天府 未	天機 太陰 申
天同 辰			紫微 貪狼 酉
吉 卯			巨門 吉 戌
寅	廉貞 七殺 丑	天梁 子	天相 吉 亥

好時機。

(11)

『紫微在戌』命盤格式的人

辰年父母宮有天同。巳年父母宮為武府。午年父母宮為日月在未宮。此年與父親較相合，與母親有芥蒂，因此『父母運』只有一半，只會和父親親密。酉年時父母宮為紫相。這些年份都是可增加『父母運』的好時機。

(12)

『紫微在亥』命盤格式的人

辰年時父母宮為天府。申年時父母宮為天相。酉年時父母宮是機梁，父母會成為你的最佳謀士。戌年時父母宮是紫殺，父母很忙碌，能資助你金錢，但管得也很凶。這些年份都是可增加『父母運』的好時機。

⑪紫微在戌

天同 吉 巳	武曲 天府 吉 午	太陽 太陰 未	貪狼 申
破軍 吉 辰			天機 巨門 吉 酉
卯			紫微 天相 戌
廉貞 寅	丑	七殺 子	天梁 亥

⑫紫微在亥

天府 巳	天同 太陰 午	武曲 貪狼 未	太陽 巨門 吉 申
吉 辰			天相 吉 酉
廉貞 破軍 卯			天機 天梁 吉 戌
寅	丑	子	紫微 七殺 亥

第二節　如何使『兄弟運』飆起來

『兄弟運』在我們人生中所具有的影響

兄弟關係是我們在出生之後就產生的親屬關係，誰也沒有特殊的先見之明能來選擇的。因此不論『兄弟運』是好？是壞？我們都必須接受事實，沒辦法逃避。

兄弟姐妹的關係是我們人生中從小到大，所經歷或者是訓練我們和同輩朋友的相處關係中最直接、也最具影響力的學習過程。因此我們可以在命盤中看到兄弟宮是和僕役宮相對照，彼此影響的狀況。就此也證明了兄弟姐妹的關係和諧，也直接和朋友問題發生關係，並對我們的一生精神上快樂與否，運氣好壞產生重大影響。

有好的兄弟姐妹關係，和好的『朋友運』是人人欽羨的，但是舉凡一切人際關係中，自己的經歷和學習過程都是影響『人際運』的重大關鍵。倘若能控制自己、明瞭自己個性中那些屬於不好的、陰晴不定、懷疑心重、嫉妒、易怒、不講理、衝動、暴躁、不明是非等的內在特質，『人際運』就能獲得改善，『兄弟運』、『朋友運』亦能隨之往『好』的上流發展。因此不論任何的運氣，一切求之在『我』，是一點也不假的。

『兄弟運』會影響『事業運』

前面談到兄弟姐妹的相處關係是我們出生到這個世界上來最先學習到基本的與朋友同輩之間的相處關係。而在人生的事業中，必須有良好的『朋友運』，有許多好朋友來相助，所成就的事業較大。因此『兄弟運』對『事業運』所具有的影響還真不小呢！

但是有些人會說，我的『兄弟運』不好，但是我的『朋友運』還不錯，這是什麼原因呢？

有這種狀況的人，多半是兄弟宮坐在『殺、破、狼』格局上的人。既然是兄弟宮有殺、破、狼這三顆星，與兄弟姐妹的感情差，或者是根本沒有兄弟姐妹，當然了！在『朋友運』中會有一半的力量消失，無法產生了。而朋友宮再好，如有紫相、廉府等星也是會直接受到煞星的沖撞，吉中帶有隱憂的。

『運星』在兄弟宮所具有的影響

『運星』雖然包括太陽、天機、貪狼等星，但在兄弟運裡還是以太陽居旺，對兄弟運最為有益，兄弟姐妹多，而且彼此和睦，相互幫助，感情親密。太陽居陷時，兄弟姐妹不和，彼此不能相互照顧。

太陽在兄弟宮時，也很有機會和對宮或四方三合地帶形成『陽梁昌祿』格。陽、梁皆居旺位時，你的兄弟會是事業、地位皆高，又能照顧幫助你的人。而兄弟宮太陽居陷、朋友宮天梁居旺時，你的兄弟會沒有能力給你幫助，而大哥型的長輩朋友會給你很大的照拂。若陽、梁皆居陷地，如貪狼坐命寅宮的人，那你就必須靠自己去打拼，無法有男性朋友或長輩運了。不過呢！姐妹和女性朋友對你的幫助還是很大的。

天機在兄弟宮中，必須居旺，兄弟才能彼此和睦相處。天機為手足之星。但也主機智多變。天機居旺時，兄弟是聰明、智商高、智謀多的精明之士。天機落陷時，兄弟的聰明才智不夠，常自做聰明，為你招災，你們彼此的感情不佳。

貪狼在兄弟宮時，你的兄弟姐妹中會有晚婚或不婚的人，性情古怪，彼此不和，相互拖累。

『財星』在兄弟宮所具有的影響

財星中有天府、武曲、太陰等星。天府在兄弟宮時，你的兄弟姐妹很多，可能有五人左右。彼此能相互幫助，相處融洽、和諧，是最好的『兄弟運』了。有紫府在兄弟宮的人，是太陰坐命卯、酉宮的人，會有地位尊貴、富有多金的兄弟姐妹，並且蒙受照顧。有武府在兄弟宮的人，會有財富多的兄弟姐妹，性格雖剛直、小氣，仍會對兄弟姐妹照顧。有廉府在兄弟宮的人，會有吝嗇小氣多金的兄弟姐妹，經由交換條件，他們也會有限度的照顧你。

有武曲星在兄弟宮中時，若居旺位，兄弟是多金、性格剛直重言諾的人，若能說明原因，他會幫助你。武曲居陷時，兄弟不和、兄弟也是財少之人，如武殺、武破，皆是『因財被劫』的格式，很難得到兄弟的幫助，甚至彼此不來往。

太陰在兄弟宮時，太陰居旺，你的兄弟姐妹多，而且溫和美麗，能相互幫助。其中以姐妹與你最親，幫助最大。太陰居陷時，兄弟姐妹少一點，彼此不和，且與姐妹有鴻溝。

『福星』在兄弟宮的影響

天同在兄弟宮，居旺時，你的兄弟姐妹多，他們是溫和好脾氣的人，很好相處，彼此也能相互扶助。天同居平在兄弟宮時，兄弟有二人，彼此感情雖溫和能相互照顧，但仍有起伏。

天相在兄弟宮時，天相居旺，你的兄弟姐妹很多，有四、五人之多。你的兄弟是責任心強，願意負責、事事皆可為你賣力之人。是一等『兄弟運』的人。天相居陷時，兄弟少，若加煞星，無兄弟。兄弟有時會幫你，大部份時間不會幫助。所以自己要莊敬自強。

煞星在『兄弟宮』中所具有的影響

◎七殺在兄弟宮時，若在子、午、寅、申宮會有兄弟三人左右，但彼此相處惡劣。你的兄弟會為脾氣壞、身體多病、性情孤僻的人。七殺居其他的宮位，你則沒有兄弟。

◎破軍在兄弟宮時，若居廟旺之位，有兄弟三人，但兄弟會為個性強、看似豪爽，但性格多疑，使你破耗多的人，與你不和。兄弟宮中有廉破雙星時，會有品行不良的兄弟，彼此不和，若你自己的流年、流月運逢『廉破運』。或者是流年『兄弟運』是廉破，則要小心被壞朋友陷害，或被綁架之憂。

兄弟宮中有武破時，會有品行不佳、窮困的兄弟，兄弟不和，且他會為你招災，你可能只有一個兄弟。

兄弟宮中有紫破時，你的兄弟姐妹中多是異母所生的，所以彼此關係惡劣，會有不來往或相互剋害的情形。

◎擎羊、陀羅在兄弟宮中，彼此不和，你的兄弟是自私、奸滑、處處愛佔便宜、侵略性嚴重的人，你無法鬥得過他們，最好敬而遠之，否則遭剋害。

◎火星、鈴星在兄弟宮的人，若居廟旺之地，有一、二人，若與煞星同宮，無兄弟。你的兄弟是性情古怪、個性暴躁、沒有耐心之人。彼此不和，很難相處。

◎地劫、天空在兄弟的人，若與吉星同宮，兄弟數目會減少。若與煞星同宮或獨坐兄弟宮的人，無兄弟。

下面是十二個命盤中，最能增加『兄弟運』的流年時間。

(1)**『紫微在子』**命盤格式的人

在丑年時，兄弟宮為紫微。辰年時兄弟宮為空宮有陽梁相照。巳年時兄弟宮為廉府。酉年時兄弟宮為武相。戌年兄弟宮為陽梁。這些流年年份都是可以增進或改善兄弟姐妹關係的好年份時機。

(2)**『紫微在丑』**命盤格式的人

丑年時兄弟宮為天機居旺。寅年時兄弟宮為紫破。卯年時兄弟宮是空宮為同梁相照。辰年兄弟宮為天府。申年時兄弟宮為天相。酉年兄弟宮為同梁。這些都是可以增進『兄弟運』的年份。

寅年的『兄弟運』為紫破時，會為

①紫微在子

太陰 吉 巳	貪狼 午	天同 巨門 未	武曲 天相 申
廉貞 天府 吉 辰			太陽 天梁 吉 酉
卯			七殺 吉 戌
破軍 寅	吉 丑	紫微 子	天機 亥

②紫微在丑

廉貞 貪狼 巳	巨門 午	天相 未	天同 天梁 吉 申
太陰 吉 辰			武曲 七殺 吉 酉
天府 吉 卯			太陽 戌
吉 寅	紫微 破軍 吉 丑	天機 子	亥

兄弟姐妹多花一點錢，不要太計較也可相處愉快。

(3)**『紫微在寅』**命盤格式的人

卯年時兄弟宮是紫府。未年時兄弟宮是廉相。申年時兄弟宮是天梁。戌年時兄弟宮是天同。亥年時兄弟宮是武曲，兄弟多金會給你金錢上的資助，只是個性太剛直，你必須能忍受。這些流年年份都是可增進『兄弟運』的年份。

(4)**『紫微在卯』**命盤格式的人

寅年時兄弟宮是天府。卯年兄弟宮是機陰，和姐妹較親，有一半的『兄弟運』。午年時兄弟宮是天相。未年時兄弟宮是天梁，有貴人運。亥年兄弟宮是天同。這些都是可增進『兄弟運』的年份。

③紫微在寅

巨門 巳	廉貞天相 午	天梁 吉 未	七殺 吉 申
貪狼 辰			天同 酉
太陰 吉 卯			武曲 吉 戌
紫微天府 寅	天機 丑	破軍 子	太陽 吉 亥

④紫微在卯

天相 巳	天梁 吉 午	廉貞七殺 吉 未	申
巨門 辰			酉
紫微貪狼 吉 卯			天同 戌
天機太陰 吉 寅	天府 丑	太陽 子	武曲破軍 吉 亥

(5)『**紫微在辰**』命盤格式的人

子年的兄弟宮是天同。丑年的兄弟宮是武府。寅年的兄弟宮是日月。但此只有一半的兄弟運，和姐妹較親密。巳年的兄弟宮是紫相。這些都是可增進『兄弟運』的年份。午年時兄弟宮是天梁陷落。此時兄弟間的感情溫和，但無幫助之力，增進情誼，也是可用之年。

(6)『**紫微在巳**』命盤格式的人

子年時兄弟宮是天府。丑年的兄弟宮是同陰。卯年的兄弟宮是陽巨，兄弟之間會吵吵鬧鬧並無大礙。辰年的兄弟宮是天相。巳年兄弟宮是機梁，有聰明的兄弟姐妹給你出主意，志同道合。這些都是可增進『兄弟運』的年份。

⑤紫微在辰

天梁 吉 巳	七殺 午	未	廉貞 申
紫微 天相 辰			酉
天機 巨門 卯			破軍 戌
貪狼 吉 寅	太陽 太陰 吉 丑	武曲 天府 吉 子	天同 亥

⑥紫微在巳

紫微 七殺 吉 巳	午	未	申
天機 天梁 吉 辰			廉貞 破軍 酉
天相 吉 卯			戌
太陽 巨門 寅	武曲 貪狼 吉 丑	天同 太陰 吉 子	天府 亥

(7)

『**紫微在午**』命盤格式的人

子年兄弟宮有太陰居廟。卯年兄弟宮有武相。辰年兄弟宮有陽梁。未年兄弟宮有紫微。戌年兄弟宮為空宮有陽梁相照。亥年時兄弟宮有廉府。這些都是可增進『兄弟運』的流年年份。

(8)

『**紫微在未**』命盤格式的人

寅年時兄弟宮有天相星。卯年時兄弟宮為同梁。巳年兄弟宮為太陽居旺。未年兄弟宮為天機居旺。申年時兄弟宮為紫破，此年會為兄弟破財多一點，小心謹慎仍可用。酉年時兄弟宮為空宮有同梁相照。戌年兄弟宮為天府。亥年時兄弟宮為太陰居旺，與姐妹特別親。這些都是可增進『兄弟運』的年份。

⑦紫微在午

天機 巳	紫微 午	吉 未	破軍 申
七殺 吉 辰			酉
太陽 天梁 吉 卯			廉貞 天府 吉 戌
武曲 天相 寅	天同 巨門 丑	貪狼 吉 子	太陰 吉 亥

⑧紫微在未

吉 巳	天機 午	紫微 破軍 吉 未	吉 申
太陽 辰			天府 吉 酉
武曲 七殺 吉 卯			太陰 吉 戌
天同 天梁 吉 寅	天相 丑	巨門 子	廉貞 貪狼 吉 亥

(9)『**紫微在申**』命盤格式的人

丑年有廉相在兄弟宮。寅年兄弟宮是天梁、貴人運，可受到照顧。辰年兄弟宮是天同。巳年兄弟宮是武曲，兄弟性剛但有錢，會對你金錢資助。午年兄弟宮是太陽。酉年時兄弟宮是紫府。戌年時兄弟宮是太陰居旺，與姐妹較親，姐妹會幫助你。這些流年都是可增『兄弟運』的年份。

(10)『**紫微在酉**』命盤格式的人

子年時兄弟宮有天相。丑年的兄弟宮有天梁。巳年的兄弟宮有天同。未年的兄弟宮有太陽居旺。申年的兄弟宮有天府。這些都是增進『兄弟運』的好時機。

⑨紫微在申

太陽 吉 巳	破軍 吉 午	天機 未	紫微 天府 申
武曲 吉 辰			太陰 吉 酉
天同 卯			貪狼 吉 戌
七殺 吉 寅	天梁 吉 丑	廉貞 天相 子	巨門 亥

⑩紫微在酉

武曲 破軍 吉 巳	太陽 午	天府 吉 未	天機 太陰 吉 申
天同 辰			紫微 貪狼 酉
卯			巨門 戌
寅	廉貞 七殺 吉 丑	天梁 吉 子	天相 亥

(11)『**紫微在戌**』命盤格式的人

午年時兄弟宮是天同。未年時兄弟宮是武府。申年時兄弟宮是日月。此時兄弟較親，與姐妹不合，兄弟有助益，故是半吉。亥年時兄弟宮為紫相。這些都是可增『兄弟運』的好時機。

*子年兄弟宮是天梁陷落，兄弟溫和好相處，但沒有能力幫助你，若想增進彼此情誼，仍可用。

⑪紫微在戌

天同 巳	武曲 天府 (吉) 午	太陽 太陰 (吉) 未	貪狼 (半吉) 申
破軍 辰			天機 巨門 酉
卯			紫微 天相 戌
廉貞 寅	丑	七殺 子	天梁 (吉) 亥

(12)『**紫微在亥**』命盤格式的人

午年時兄弟宮為天府。未年的兄弟宮為同陰在午宮，此運兄為半吉，與兄弟關係可用，與姐妹不合，無用。戌年時兄弟宮為天相。亥年時兄弟宮為機梁。有聰明的兄弟可為你想智謀出主意。這些都是增進『兄弟運』的好時機。

⑫紫微在亥

天府 巳	天同 太陰 (吉) 午	武曲 貪狼 (半吉) 未	太陽 巨門 申
辰			天相 酉
廉貞 破軍 卯			天機 天梁 (吉) 戌
寅	丑	子	紫微 七殺 (吉) 亥

命理生活新智慧・叢書

紫微改運術

在這個混沌的世界裡
人不如意有十之八九
衰運時，什麼事都會發生！
爲什麼賺不到錢？
爲什麼愛情不如意？
爲什麼發生車禍、傷災、血光？
爲什麼遇劫遭搶？
爲什麼有劫難？
爲什麼事事不如意？
要想改變命運重新塑造自己
『紫微改運術』幫你從困厄中
找出原由

這是一本幫助你思考，
並幫助你戰勝『惡運』的一本書

紫微命格論健康

法雲居士⊙著

在中國醫藥史上，以五行『金、木、水、火、土』便能辨人病症，
在紫微斗數中更有疾厄宮是顯示人類健康問題的主要窗口，
健康在每個人的人生中是主導奮發力量和生命的資源，
每一種命格都有專屬於自己的生命資源，
所以要看人的健康就不是單單以疾厄宮的內容為憑據了，
而是以整個命格的生命跡象、運程跡象為導向，來做為一個整體的生命資源的架構。
沒生病並不代表身體真正的健康強壯、生命資源豐富。
身體有隱性病灶、殘缺的，在命格中一定有跡象顯現，

健康關係著人生命的氣數和運程的旺弱氣數，
如何調養自身的健康，不但關係著壽命的長短，也關係著運氣的好壞，
想賺錢致富的人，想奮發成功的人，必須先鞏固好自己的優勢、資源，
『紫微命格論健康』就是一本最能幫助你檢驗出健康數據的書。

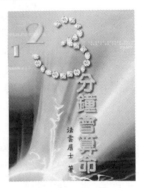

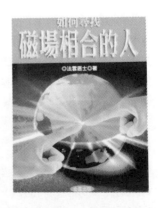

考試你最強

法雲居士⊙著

讓老天爺站在你這邊幫忙你考試

- 老天爺給你一天中的好時間、給你主貴的『陽梁昌祿』格、給你暴發運的好運、給你許許多多零碎的、小的旺運來幫忙你K書、考試。但你仍需有智慧會選邊站，老天爺才會站在你這邊！

如何運用運氣來考試

- 運氣是由許多小的時間點移動的過程所形成的，運用及抓住好的時間點，就能駕馭運氣、讀書、K書就不難了，也更能呼風喚雨，任何考試都手到擒來，考試強強滾！
考試你最強！

紫微姓名學

法雲居士⊙著

『紫微姓名學』是一本有別於坊間出版之姓名學的書，
我們常發覺有很多人的長相和名字不合，
因此讓人印象不深刻，
也有人的名字意義不雅或太輕浮，以致影響了旺運和官運，
以紫微命格為主體所選用的名字，
是最能貼切人的個性和精神的好名字，
當然會使人印象深刻，也最能增加旺運和財運了。
『姓名』是一個人一生中重要的符號和標幟，
也表達了這個人的精神和內心的想望，
為人父母為子女取名字時，就不能不重視這個訊息的傳遞。

法雲居士以紫微命格的觀點為你詳解『姓名學』中，
必須注意的事項，助你找到最適合、助運、旺運的好名字。

納音五行姓名學

一般坊間的姓名學書籍多為筆劃數取名法，
這是由國外和日本傳過來的，與中國命理沒有淵源！
也無法達到幫助人改善命運的實質效果。

凡是有名的命理師為人取名字，
都會有自己一套獨特方法，就是——納音五行取名法。

納音五行取名法包括了聲韻學、文字原理、字義、
聲音的五行來配合其人的命理結構，
並用財、官、印的實效能力注入在名字之中，
從而使人發奮、圓通而有所成就。
納音五行的運用，並可幫助你買股票、
期貨及參加投資順利。

現今環球已是世界村的時代，很多人在小孩一出世時，
便為子女取了中文名字、
英文名字及日文名字，
因此，法雲老師在這本書將這些取名法
都包括在此書中，以順應現代人的須要！

簡易實用靈卦·易學

卜卦是一個概率問題，也十分科學的，
當人在對某一件事情執著的時候，又想預知後果，
因此就須要用卜卦來一探究竟。
任何事物都無法脫離時間和空間而存在。
紫微和八字的算運氣法則，是先有時間再算空間，
看是在什麼樣的時間點走到什麼樣的空間去！
卜卦多半是一時興起而卜卦的，
因此大多數的時間和空間都是未知數，
再加上物質運動的變化，隨機而動的卜卦才會更靈驗！

卜卦必須要懂得易經六十四卦的內容與代表意義。
法雲老師用簡單易懂的方法教你
手卦、米卦、金錢卦、梅花易數的算法，
讓你翻翻書就立刻知道想要知道的結果！

命理生活新智慧・叢書

紫微斗數全書詳析

《上、中、下、批命篇》四冊一套

◎法雲居士◎著

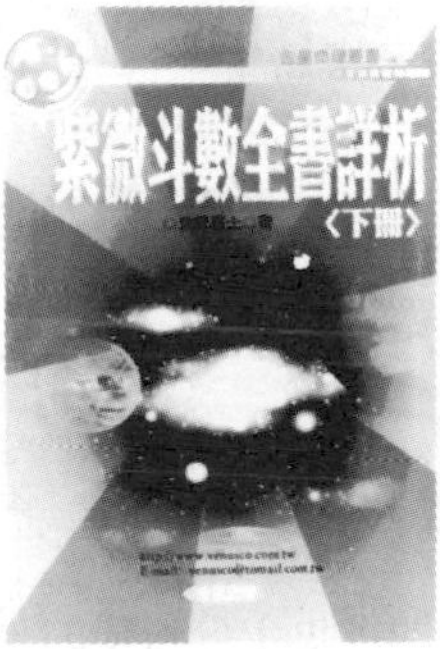

『紫微斗數全書』是學習紫微斗數者必先熟讀的一本書。但是這本書經過歷代人士的添補、解說或後人在翻印上植字有誤，很多文義已有模糊不清的問題。

法雲居士為方便後學者在學習上減低困難度，特將『紫微斗數全書』中的文章譯出，並詳加解釋，更正錯字，並分析命理格局的形成，和解釋命理格局的典故。使你一目瞭然，更能心領神會。
這是一本進入紫微世界的工具書，同時也是一把打開斗數命理的金鑰匙。

紫微命格論健康

法雲居士⊙著

在中國醫藥史上，以五行『金、木、水、火、土』便能辨人病症，
在紫微斗數中更有疾厄宮是顯示人類健康問題的主要窗口，
健康在每個人的人生中是主導奮發力量和生命的資源，
每一種命格都有專屬於自己的生命資源，
所以要看人的健康就不是單單以疾厄宮的內容為憑據了，
而是以整個命格的生命跡象、運程跡象為導向，來做為一個整體的生命資源的架構。
沒生病並不代表身體真正的健康強壯、生命資源豐富。
身體有隱性病灶、殘缺的，在命格中一定有跡象顯現，

健康關係著人生命的氣數和運程的旺弱氣數，
如何調養自身的健康，不但關係著壽命的長短，也關係著運氣的好壞，
想賺錢致富的人，想奮發成功的人，必須先鞏固好自己的優勢、資源，
『紫微命格論健康』就是一本最能幫助你檢驗出健康數據的書。

如何觀命・解命

法雲居士⊙著

古時候的人用『批命』
是決斷、批判一個人一生的成就、功過和悔吝。
現代人用『觀命』、『解命』
是要從一個人的命理格局中找出可發揮的潛能，
來幫助他走更長遠的路及更順利的路。
從觀命到解命的過程中需要運用很多的人生智慧，但是我們可以用不斷的學習
就能豁然開朗的瞭解命運。

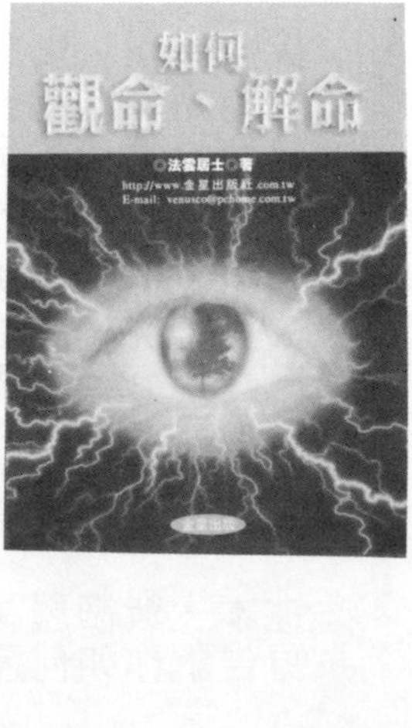

法雲居士從紫微命理的觀點來幫助你找出命中的財和運，
也幫你找出人生的癥結所在。
這本『如何觀命・解命』也徹底讓你弄清楚算命的正確方向。

用你的運氣來減肥瘦身

法雲居士⊙著

人身邊的運氣有很多種，有好運，也有衰運、壞運。通常大家只喜歡好運，用好運來得到財富和名利。

但通常大家也不知道，所有的運氣都是可用之材。衰運、壞運只是無法得財、得利，有禍端而已，也是有用處的。只要運用得當，即能化險為夷，反敗為勝。並且運用得法，還能減肥、瘦身、養生。

這是一種不必痛，不必麻煩，會自然而然瘦下來的減肥瘦身術，以前減肥失敗的人，應該來試試看！

學會這套方法之後，會讓你的人生全部充滿好運跟希望，所有的衰運也都變成有用的好運了！

樂透密碼

法雲居士⊙著

偏財運的暴發能量＝人的質量×時間^2（本命帶財）

本書是討論會中樂透彩的人必有其特質，其中包括了『生命財數』與『生命數字』。

能中樂透彩的人必有暴發運，

世界上有三分之一的人有暴發運。

因此能中樂透彩之人必有其數字金鑰和生命密碼。

如何運用這個密碼和金鑰匙打開生命中的最高旺運機會，又將在何時能掌握到這個生命的最高峰，這本『樂透密碼』將會為您解開通往幸運之門的答案！

如何選取喜用神

(上冊)選取喜用神的方法與步驟
(中冊)日元甲、乙、丙、丁選取喜用神的重點與舉例說明
(下冊)日元戊、己、庚、辛、壬、癸選取喜用神的重點與舉例說明

每一個人不管命好、命壞，都會有一個用神和忌神。
喜用神是人生活在地球上磁場的方位。
喜用神也是所有命理知識的基礎。
及早成功、生活舒適的人，都是生活在喜用神方位的人。
運蹇不順、夭折的人，都是進入忌神死門方位的人。
門向、桌向、床向、財方、吉方、忌方，全來自於喜用神的方位。
用神和忌神是相對的兩極。
一個趨吉，一個是敗地、死門。
兩者都是人類生命中最重要的部份。
你算過無數的命，但是不知道喜用神，還是枉然。
法雲居士特別用簡易明瞭的方式教你選取喜用神的方法，
並且幫助你找出自己大運的方向。

對你有影響的

身宮·命主·身主

◎法雲居士◎著

在紫微命理的學理中，命盤上每一個宮位、星曜、星主、
宮主都是十分重要的。其中，身宮、命主和身主，
代表人的元神、精神，是人靈魂方面的內涵。
一般我們算命，多半算太陽宮位，是最起碼的算命方式。
像身宮是太陰所管轄的宮位，我們要看人的內在靈魂，
想看此人的前世今生，就不能忽略這些代表人內在靈魂
的『身宮、命主和身主』了！

紫微面相學

《全新修訂版》

法雲居士⊙著

『面相』是一體兩面的事情，
我們可以從一個人的外表來探測其內心世界，
也可從一個人所發生的某些事情來得知此人的命運歷程。
『紫微面相學』更是面相中的楚翹，
在紫微命理裡，命宮主星便顯露了人一切的外在面貌、
精神與內在的善惡、急躁、溫和。

- 『紫微面相學』能從見面的第一印象中，立刻探知其人的內在性格、貪念，與心中最在意的事與其人的價值觀，並且可以讓你掌握到此人所有的身家資料。
- 『紫微面相學』是一本教你從人的面貌上，就能掌握對方性格、喜好，並預知其前途命運的一本書。
- 『紫微面相學』同時也是溫故知新、面對自己、改善自己前途命運的一本好書！